优秀班主任悄悄在做的班级管理创意

苗旭峰 / 著

Youxiu Banzhuren Qiaoqiao Zai zuode
Banji Guanli Chuangyi

大夏书系·全国中小学班主任培训用书

华东师范大学出版社
全国百佳图书出版单位
·上海·

图书在版编目（CIP）数据

优秀班主任悄悄在做的班级管理创意 / 苗旭峰著 . —上海：华东师范大学出版社，2022

ISBN 978-7-5760-3056-3

Ⅰ. ①优… Ⅱ. ①苗… Ⅲ. ①班主任工作—研究 Ⅳ. ① G451.6

中国版本图书馆 CIP 数据核字（2022）第 134504 号

大夏书系·全国中小学班主任培训用书

优秀班主任悄悄在做的班级管理创意

著　　者	苗旭峰
策划编辑	朱永通
责任编辑	韩贝多
责任校对	杨　坤
封面设计	奇文云海·设计顾问
出版发行	华东师范大学出版社
社　　址	上海市中山北路 3663 号　邮编　200062
网　　址	www.ecnupress.com.cn
电　　话	021-60821666　行政传真　021-62572105
客服电话	021-62865537
邮购电话	021-62869887　地址　上海市中山北路 3663 号华东师范大学校内先锋路口
网　　店	http://hdsdcbs.tmall.com
印刷者	北京季蜂印刷有限公司
开　　本	700×1000　16 开
印　　张	16.5
字　　数	246 千字
版　　次	2022 年 11 月第一版
印　　次	2024 年 9 月第十一次
印　　数	26 101-30 100
书　　号	ISBN 978-7-5760-3056-3
定　　价	59.80 元
出版人	王　焰

（如发现本版图书有印订质量问题，请寄回本社市场部调换或电话 021-62865537 联系）

目 录

自序　让教育变成"生动的重复" _ 001

I 创意一　开学课程，让开学季"温柔了时光"

一封"情书"，让相遇"未成曲调先有情" _ 003
一份调查问卷，我不认识你，却已懂得你 _ 006
小细节为"初相见"添温馨 _ 010
开学季，别忘了给家长写封"家书" _ 018
创意小纸条，让孩子把荣耀带回家 _ 023

II 创意二　生涯规划，激活学生成长内驱力

认识自我，开启"王者归来"之路 _ 027
以终为始，"五步走"带着孩子一起去做梦 _ 030
用精神原型的能量照亮人生 _ 036
培训学习方法，给学生渡船的"舟楫" _ 040

III 创意三 文化建设，让班级氤氲着人文气息

物质文化，润泽的教室无声胜有声 _ 045

制度文化，让"水"优美地流成河 _ 049

精神文化，似春风著物物不知 _ 056

绿植怡人，"我们站着不说话，就十分美好" _ 063

班级日志，促进常规管理的必备宝典 _ 068

"双线四度"班会，让集体铿锵向前 _ 072

用口号的兴奋剂激活班级斗志 _ 078

重奖轻罚制度，让教育真实发生 _ 081

两分钟小视频的"狄德罗效应" _ 086

我们用专属的最美班服记录少年时光 _ 090

海量读写课程，以美好推动美好 _ 094

班级叙事，"我愿成为更好的自己被你记" _ 099

IV 创意四 班干部培养，让每一个岗位都发光

班委竞选制，老办法做出新花样 _ 107

岗位培训制，让每个岗位都发光 _ 110

四步走，打造高效的学习团队 _ 117

岗位拍卖会，让班级人人有事做 _ 123

V 创意五　爱情课程，雨季给孩子一把伞

预热篇：好雨知时节，当春乃发生 _ 127
未恋篇：爱惜芳心莫轻吐，且教桃李闹春风 _ 132
恋爱篇：早恋有风险，入行需谨慎 _ 137
失恋篇：行到水穷处，坐看云起时 _ 140
转身篇：你若精彩，天自安排 _ 142
实操篇："我喜欢过你，我由此成了更好的自己" _ 148

VI 创意六　家校活动，让家长成为我们的教育合伙人

与家长建立联系，需要这些"基础建设" _ 157
家访，从心出发为爱抵达 _ 161
引导家长写育儿心经，你尝试过吗 _ 166
急人所急，偶尔越界又如何 _ 170
家长眼里"重要而紧急"的事，也是我们的"国家大事" _ 175
开展孝老敬亲课程，让亲子关系其乐融融 _ 179
遭到家长投诉怎么办 _ 188

VII 创意七 活动创设，让教师团队同向而行

奢华庆典，带着"喇叭"称颂任课教师_193
搭班老师方法不当，巧妙点拨同伴成长_197
巧借热点，引导学生拥抱"不完美的教师"_202
"长柄勺子"助力伙伴放异彩_206

VIII 创意八 因材施教，让个体教育更有温度

被学生骂了，热问题要冷处理_211
没有那么严重，我也当过小偷_215
三招治"话痨"_221
因为我们相聚了，月亮就圆了_226

IX 创意九 评语写作，让评语成为学生一生的典藏

一字评语的"前世今生"_235
一字评语如何一字立骨_242
一字评语的德育效果_246

后记 写一本带着自己气息的书_249

自序
让教育变成"生动的重复"

一

曾读过一个这样的故事：

1947年的一个清晨，纽约阳光明媚。在固定路线上开了20年大巴的司机威廉·西米洛忽然感到厌倦：每天都是同样的街道，同样的人上上下下，日子灰蒙蒙的，一眼能望到头！他临时起意，开着大巴走了！

司机突然蒸发，人们议论纷纷，直到多天之后，西米洛致电巴士公司："我在好莱坞的沙滩……"人们这才知道西米洛一路上的奇遇：他把大巴开到了华盛顿，开到了白宫门口，并机智地躲过了警察的盘问。他还遇到了醉酒的水手，曾在月光下的海水里泡澡……

警察逮捕了他。然而戏剧性的一幕出现了，当他走出车门，上百名民众在等待、在欢呼。逃跑的司机西米洛，做了人们想做而不敢做的事，意外地成了人们心中的平民英雄。

班级管理是一个容易让人感到单调的工作，如果总是几十年如一日两点一线地重复工作，会不会也有那么一刻，你也渴望像西米洛一样从现实中抽离出来走向广阔？或者，即使你没有西米洛的洒脱和任性，也会在长期的倦怠中消磨掉激情。但是，如果你把工作做出了创意，是不是可以抵制"单调的重复"和生活的平庸，让生命焕发新的光彩？是不是在同一路线上开"大巴"，也能看到动人的风景？

二

让教育生活变成"生动的重复",于我,初登讲台时不过是源于浪漫自由的天性,而后来,则是来自我对教育理解的深化。

初带致远班,方方面面都落后。当时,我听了全国知名的德育专家张胜利的讲座,打电话向他请教。他给出建议:"搞活动!通过活动培养学生的团队意识和创新能力,引导学生自我教育。"

此前,我带班也零星地做了一些活动,活动中的学生确有"被激活"的热情,但要把搞活动变成常态,我却很疑惑:有必要吗?教育不应该安静一点吗?从现实层面说,班级已经落后了,如果再"跑偏"了,岂不是"更隔蓬山一万重"了?

但是,这个沉闷的班级太需要激活了。我和团队老师多次探讨,以班会课为主阵地,开展活动:带着孩子设计班级Logo,写一字评语,做"一日备孕妈妈",挹取"白河里的文化浪花"等。有的创意也借鉴了魏书生、李镇西、钟杰等知名班主任的做法。但是"兵无常势,水无常形",教育对象不同,教育者本身的个性特质也不同。所以,我们也有自己独特的创意。

用一年半的探索,我们把一个落后的班级带到前列,我也成了一个不搞题海战术也能出成绩的老师。我真正懂了"教育是一种唤醒"的含义,并越来越善于用"唤醒"的方式去带班。

2019年,我从中原来到沿海。教学队伍精英化,教育对象衔玉而生,个性鲜明。学校活动丰富,工作极为高效,我每天完成"规定性动作"就要花很多精力,更遑论其他,因而内心无比失落。也就是在这个时候,全国知名的班主任秦望老师到厦门讲学,给我提的建议依然是"搞活动":"搞适合班主任个性特色的活动,给自己一个有力的抓手,班级才能搞好。"

我低头沉思:此前的活动多是我"自主研发"的,基于班情,基于我的个性特征,基于我对教育的理解,基于我对活动的节奏、规模都有掌控感,所以频频出彩;而这里有成熟的活动方案,我初来乍到,只是在被动地走流程。鸡蛋从内打破,才是生命。那么,适合我个性特征的活动是什么呢?是把学科教学和德育融为一体,带着学生开展读写课程,写班级日志,写人物志,写漂流日记……管理创意再次给班级注入了勃勃生机。学期结束后,家长、学生集体跟学校提出,要我跟班走。这份肯定,让我欣慰。

三

为什么"生动的重复"能激活师生的生命状态呢?

作为一个跨过公办与民办、农村与城市、中原与沿海、中学与小学的教师,我深知,如果你一接新班就能轻轻松松当班主任,要么是你身怀绝技,要么是环境固化,工作缺少挑战。社会在发展,我们这些农业时代成长起来的教师要带好数字时代长大的学生,必须与时俱进,不断创新。班级创意管理之所以有效,在于它很大程度上提高了学生的参与度,激活了学生的成长内驱力,引导学生发现自己,成为班级的主人。

即便从教师的角度来说,"生动的重复"也是一种必须。

基于被教育者的需要思考问题,是崇高的;但基于教育者的感受思考问题,或许更容易落地。教师的幸福关乎学生的幸福,不愉快的人只能提供不愉快的服务。人与人之间能量的传递,如果都是"单调的重复",那该多么无趣!而创意则给班主任自主腾挪发挥主观能动性的空间,根据自己的个性特征,找到一个"趁手的兵器",才能把班级带好。而且,"生动的重复"也并不难,不过是在做好规定性动作的基础上,多一些用心点染而已。

四

那么,我的经验和思考有没有分享的价值呢?这是我下笔前反复思考的问题。由于成长的特殊经历,我没有一课成名的奇迹,没有荣誉等身的光环,没有圆融练达的处事风格。但我内心柔软,率真热情,是一个领导放心、家长认同、学生喜欢的"明师"——用真情,明真心,见真性。这是我以前教过的学生笔下的我:

回顾六年的中学生活,发现唯有苗妈带班的时候,我的思维打开了,且有愈来愈好之势。跟同学们说起，都有同感。苗妈率性洒脱，没有传统的"师道尊严"。在她的班级里感觉像什么呢？像《爱丽丝梦游仙境》，她放来一只"兔子"，却让我们追着跑着遇见一个丰富的世界。虽然我考上了重点高中，却再没见过像苗妈那样的语文老师，像苗妈那样的班主任……

——王闫

还记得语文早读时，一旦完成背诵任务，苗老师就奖励我们自由支配时间。通常我们会去操场晨练，听着自己的微微喘息，感受心跳，迎着天边升起的金色，赞叹自然的神奇。起初，我们也只是以为她这种奖励是鼓励我们效率优先。读了她的书稿，才知道她的另一层深意，是给我们掌控感。暗自思忖，有没有？还真有，我常常有意克制自己在没有他律的时候学会自律，得益于苗老师的引领。

回想跟苗老师在一起的时光，如极光般绚烂。我以为"初中生活是这样的"，后来到高中跟同学畅谈，被调侃"我们上的不是一个初中"，我才发觉：原来"有苗老师的初中生活"才是这样的！

——胡梦娇

此前我们也曾多次谈论：苗老师跟别的老师不一样。当时的理解是，苗老师读书多，思想开明，懂学生，带班总是花样翻新。可是，通过这些年的接触，我似乎有点明白，并不在于这些。您对世界的好奇和不负生命的勇气，是别处极少见的。一般的老师，给的只是知识，而您，给我们呈现的是世界的丰富和生命的多彩。也因此，您让我们从朴素的教室里望见了辽阔的世界。

——张星

想起致远班那充满干劲的班呼，自己设计的班服，嘴角就那样自然而然地扬起了弧度。那时的时光是那样的温暖，那样的令人怀念。有着65个人的大家庭，在一间"光能照过来，风能吹过来"的教室里热热闹闹的，向着"让世界因我而美丽"的目标而努力。每个人都精神饱满，充满斗志。每天用《致远晨报》来总结昨天的表现，提出新的要求；每天语文课前进行辩论，每周开展一次班会和出一期《作文之星》。还记得那个夏天的午后，苗老师带着班里的女生来到一个秘密基地，蝉鸣声一直都不肯停歇，耳边传来的是苗老师温暖的话语，那是我们的第一节女神课。还记得那个雪夜，苗老师骑着电动车，头顶大雪家访，那带着暖意的笑温暖了整个冬天。65个同学，65次家访，65个年度成长汉字，在我们的心中点亮了一盏盏灯。

——宋奕嘉

  初中两年的相伴，很短却难忘。自从与苗老师分别后，我再也不曾经历过那样恣意畅聊的课堂，无论是与若霖相对洒泪，还是痛心疾首地控诉那帮不争气的男生，抑或是在阅读分享课上大肆批评在我眼里矫情至极的某畅销书作家……都成了一去不复返的回忆。这样的恣意畅聊，在旁人看来是偏离了主题，但对于当时的我们而言，却是在大环境里难得的心灵交流。如果不是这段经历，我可能现在不会变成一个乐于反思的人。我现在仍然会写日记来反思我一段时间的行为思想，在反思中我日益建构了一个属于自己的精神世界。抛开课堂，苗老师对我们的生活也有着深刻的影响。书里所写的孝老敬亲活动、爱情课程等，读来仿佛穿越到当年的课堂，即使细节已然忘却，但体验到的道理已融入了血液。说句冒犯的话，与苗老师分别后，我遇到过比苗老师的课上得更精彩的语文老师，见到过比苗老师管班更得心应手的班主任。但我再也感受不到在苗老师班级里那种天风海涛扑面而来、畅快淋漓的感觉，再也没有过被一个美好的世界召唤着铿锵向前的少年意气了。

——张自信

  苗老师是影响我一生的老师。在苗老师的书中我看到了关于我的内容，这让我想起当年的画面：让同学们当小老师；用图画辅助教学；把《羚羊木雕》改编成课本剧，擅长表演的余娇把大家带入生动的意境中；作文课上，张海超蹦上讲台给大家当描写模特……隐约感到她的课堂中的师生关系跟其他老师有很大不同，等我读了这部书稿，才知道这背后是她育人观、学生观的不同，不是"术"的区别，而是"道"的不同。她是理想主义者，也是现实主义者，这样的老师，在现实中还是太少了。等我的孩子长大，希望他有幸也能成为苗老师口中"孩子们"的一员，希望到时他也能亲切地叫苗老师一声"苗妈"！

——周河森

这是孩子们看了我的书稿后写下的感想。从这些文字里，可窥见我们的班级管理创意对孩子们的滋养。孩子们发自肺腑的肯定打动了我，因此我决定与孩子们一起书写这本书的序言，这更有意义。

　　相信每一个教师都有自己独特的价值，不同经历、不同个性的教师也都能找到自己的方式做教育。我热爱教育，渐渐地形成了鲜明的带班特色。回首望望，我从乡村到城市，从内地到沿海，从中学到小学，从农耕文化圈到海洋文化圈，一路爬坡，一路拐弯。在工作中，我也形成了很多前瞻性的预案和富有创意的设计，我的教育实践是有成效的。我相信我的文字也能给您一些启迪。毕竟能力有限，有些做法您或许并不认同。不过，观点的碰撞是另一种交流提升。——想想这是一件多么美好的事情，我顿时忘掉了一路上的风尘仆仆。

　　塔朗吉说："去吧，但愿你一路平安，桥都坚固，隧道都光明！"

2022 年 8 月 16 日

创意一

开学课程,
让开学季"温柔了时光"

开学是班主任工作的重要节点，班主任当经营好"首因效应"，尽快让学生建立起对教师的认同感和对班集体的归宿感。需要说明的是，不要把"首因效应"窄化为师生的第一次见面。开学第一个月都可以视为"建班伊始"，学生每分每秒都在观察，都在探索，都在给老师打分。所以，开学前后一个多月的系列工作都是开局，用些心思，让班级成为学生恋恋不舍的地方。

一封"情书",让相遇"未成曲调先有情"

怎样迅速地了解学生并让学生建立对老师的好感呢?开学前给学生写封"情书"是个不错的方法!通过写"情书",把自己的教育理念和善意传递给家长和学生。接起始班级时要写,接"老部下们"也要写;秋季开学要写,春季开学也要写,力图让师生的相遇"未成曲调先有情"。

启航班是我到厦门带的第一个班级,我是这样写的:

愿相遇成为彼此的光

亲爱的孩子们:

大家好!马上就要开学了。此刻,坐在电脑桌前,我想象再过几天,金色的阳光透过高大的芒果树洒下斑驳的影子,树下一群阳光少年欢笑着唤醒沉睡了一夏的校园,你们的笑声将赶走我的寂寞。想到这里,我不禁微笑起来。

孩子们,我是你们的新班主任。今年,我将带着大家共度一年的学习时光,我将竭尽全力给予你们知识、关爱和快乐。也许,你们对分班还怀着一些遗憾,对往日老师、同学有些不舍,对新环境有些担心。这都是正常心理,只是不必放大。其实,能跟你们在一起学习,对老师来说也是一个适应变化的过程。如果时光倒流半个月,你也不会知道老师在哪里。学会拥抱变化,拥抱不确定吧,这世界上唯一不变的就是变化本身,适应变化也是成长的课程,积极求变有利于我们完善自己的品格。

亲爱的孩子们,你们知道为了让你们带着期待走进校园,老师做了些什么吗?这些天,所有老师马不停蹄,布置教室,落实桌椅,收集资料,制作开班典礼PPT……我们不是在布置一间教室,而是在建设一个家园啊!我们可爱的英语老师Mary,昨天跟我谈起你们,眉眼含笑,如数家珍!如果不是发自内心地热爱，哪有这份美好的感情啊！我们的副班主任美香姐姐，关心着你们的生活和健康状况，这些天一直忙前忙后，从后勤处领取你们新发的校服和日用品，异常辛苦却乐此不疲。还有教数学的陈老师，他还负责着学校的教务工作，更是异常忙碌。因为开学需要布置教室，苗老师把桌椅从一楼扛到三楼，再一一码好。孩子们，我素来主张语文课要大水养鱼，我已经完成各种书目的选定，并做好课程安排。孩子们好有福气，可以科学有序地进行阅读了！

亲爱的孩子们，你们知道为了让你们开启全新的成长诗篇，家长做了些什么吗？子铭妈妈本来是在漳州做公益，听说苗老师一人在布置教室，马上赶回来，约上涵恩爸妈，从早上6点一直干到快11点。哲楷爸爸多次来到教室，把墙壁的污渍一点点除掉，把课桌一一检修到位。有老师见他干得满头大汗，问他为什么不开空调，他说，一个人太浪费……看着窗明几净的环境，想起这些可爱的家长们，我心里涌起一波又一波的感动。对于我们敬爱的家长而言，他们对我的帮助源自根植于心的修养和为他人着想的自觉，而在我却是一份切切实实的帮助，要我坦然地去接受别人的帮助而无动于衷不急于投桃报李，简直是不可能的！孩子们，坐在这样的教室里，你们也应该是感恩的啊：维护这样的环境，不在桌子上乱画，不把抽屉里弄得乱糟糟，不随手丢垃圾……甚至，端正坐姿，认真学习，也是一种感恩呢！

亲爱的孩子们，我希望建立一个师生和谐相处、共同赋能的班集体。作为教师，我渴望给你们带来知识的神奇和生命的美好，在我的内心深处，有着像你们一样深深的渴望：渴望和你们教学相长，实现自我价值。我是教师，也是普通人，也有缺点，我也需要向你们学习。我也会批评你们，批评是一种别样的爱，批评像榴莲，样子丑，但是有营养。我愿给你们持久的滋养：教学生一年，为学生一生奠基。我也希望，我目光所及的每一个孩子相亲相爱，抱团成长，建立既竞争又合作的伙伴关系，让世界因我而美丽。

说了那么多，你们是不是想知道给你们写信的老师姓甚名谁？我姓苗——这个你们知道了，那还有名字呢！猜个谜语吧："园中花，化为灰，长相思，心已碎；羿射日，落几物？左是山，右不是，左右和，应如实。"——谜底就是我的名字，期待聪明的你们开学来告诉我哦！

最后，苗老师还要提醒大家注意几项开学事宜。开学时间：8月30日9:00—16:00。入校携带物品：（1）内衣、内裤、睡衣、鞋袜、晾衣架、洗护用品、学习用品。（2）10张1寸免冠照片，黑白、彩色均可。（3）学生户口本复印件，本人页和户口本首页复印在同一张A4纸上。

除此之外，苗老师还做了一份调查问卷，请爸爸妈妈帮忙打印出来，用你最好的字迹填写好哦！认真书写的过程，也是自我认知、自我觉察的过程，这个过程无比美妙！

亲爱的孩子们，新学期开始了，生活又回到了熟悉的节奏，愿我们相遇成为彼此的光，让相遇后的每一个日子都幸福。

班主任苗老师
2019年8月26日

我这封"情书"的写法，可是大有深意的：

（1）称学生为"孩子们"，这跟我的年龄和职业形象相近，如果是年轻老师，那就称"亲爱的同学们"吧！

（2）开篇表达了对孩子们的接纳和期待，善解人意地安抚学生，疏解学生与前任教师的分离焦虑。

（3）委婉地告诉他们，老师们为了迎接他们做了些什么。老师们的爱，要让学生看得见。同时，借机感谢家委，让家委的努力被学生看见，同时也是鼓励家长多多支持班级工作。在这种情况下，对学生提要求，他们是不会抵触的哦！

（4）传达自己平等民主、着眼长远的教育理念，在批评的问题上试图达成共识。同时，表达对学生的要求：尊重他人，发展自己，并把"让世界因我而美丽"的带班理念渗透进去。

（5）温馨提醒开学有关事宜，要言不烦。

（6）教师以谜语的方式亮相，是不是有些余音绕梁之意呢？想一想学生猜测的时候该有多么兴奋吧，我的嘴角不由得浮出微笑。

开学前给学生写信的老师不多，其实开学前给学生写封信，把自己的善意、理念、要求、期待传递给学生，我想一定会在学生的心灵里激起美好的涟漪……

一份调查问卷，我不认识你，却已懂得你

接手新班，教师如何尽快了解学生的情况呢？

拿着名单看成绩，可以大体掌握学生的学情；走访原班主任和任课教师，可以快速了解学生的性格。但如果想尽可能快速而全面地了解学生，还需要进行问卷调查。

_____班学生调查问卷

姓名：		民族：		出生年月：
性别：		家庭住址：		毕业学校：
家庭成员	姓名	工作单位		联系方式

1. 你的名字是谁取的？采访一下爸爸妈妈，把你名字的寓意写下来。

2. 请用 8 个词语概括你的优点，用 2 个词语概括你的缺点。

3. 你有什么爱好特长？获得过什么奖项？

4. 你曾担任过哪项班级工作？你最擅长的工作是什么？本学期你想担任什么工作？请简单写出你的方案。

5. 你最喜爱的书有哪些？有几本写几本。

6. 你崇拜的偶像是谁？说说为什么。

7. 你最喜欢爸爸妈妈哪一点？

8. 你最好的朋友是谁？分到哪个班了？你最喜欢他/她什么呢？

9. 你的前任语文老师是谁？请用3个关键词来概括他/她的美好。他/她有哪些金点子我们可以沿用？

10. 你的前任班主任老师是谁？也请用3个关键词概括他/她的美好。他/她有哪些金点子我们可以沿用？

11. 你期待的新班级是什么样子的？你期待老师、同学们怎么对待你呢？写出你的心里话哦！

12. 新学期爸爸或妈妈寄语：

年　月　日

　　这份调查问卷是我带致远班时设计的，一直沿用至今，根据班情，会略有改动。我讲讲我的用意：

　　（1）名字不单是学生的代号，还包含了长辈的美好期许。讲述名字的来历既有助于教师快速记住学生的姓名，也有利于学生树立"我很重要"的自我意识。

　　（2）总结自己的优点有助于让人产生愉悦感，有利于强化优点；写不足有助于觉知情绪，有利于教师对学生做到心中有数。

　　（3）了解学生的强项，为组建班集体作铺垫。

　　（4）了解学生的阅读情况，爱读书的孩子更容易实现自我教育。

　　（5）如果说书是作者的"言传"，那么偶像给的是"身教"。

　　（6）孩子们最喜欢爸妈的地方可窥见父母的情绪、教养方式、育人目标等。

　　（7）了解孩子们的交友情况，有助于帮助他们成长。

　　（8）作为语文教师，我希望了解孩子们眼中最美的语文教师是什么样的，之后可"见贤思齐"，这是一种很便捷的"偷师"方法。

（9）给孩子们一个畅想的机会，也有助于了解他们的想法。

　　这份调查问卷通过班级微信群传达到学生手中，要求学生手写。开学收上来，很直观地就可以看出哪些孩子书写认真、文笔流畅，哪些家长可以转化为有利的教育资源，这张表格透露的信息，也可以作为班主任了解学生的依据。

小细节为"初相见"添温馨

开学第一天,在幼儿园门口经常会看到大声哭嚎的孩子和依依不舍的家长,千万不要认为这样的"哭戏"只有幼儿时期才有!任何一次分班中,都会上演这样的"哭戏",只不过孩子们把"舞台剧"转化为"内心戏"而已。当学习环境发生了重大变化,孩子们又不能很好适应时,都会产生不同程度的心理焦虑,甚至会把家长和往届老师裹挟进来。那么,如何让学生尽快接纳老师和同学、融进新集体呢?

一、布置一间清爽的教室

一间教室,让一个班级安了家,那开学前的布置就是头等大事。我通常会在 8 月 30 日前把教室布置好,风格以清爽简洁为主。要突出这几方面:

干净整洁的墙壁。先把窗帘取下来用洗衣机清洗干净,然后清除墙壁污渍,如果发现墙壁老化了,可刷上环保漆,差不多两个钟头即可完工。再挂上窗帘,教室马上就光洁一新。

会说话的黑板。迎接新生,可借"黑板之口"说出老师想说的话。把黑板擦干净,画一面黑板报,用空心字写欢迎词。写空心字有妙招:用湿抹布写,趁水渍未干,马上用彩笔勾勒,比如用暖色粉笔写"开学啦,欢迎你",表达对学生的欢迎,再用冷色粉笔画上花边,这样看上去简洁大方。

把大自然搬进来。亲近自然是孩子们的天性,让绿植携带着大自然的信息进入教室吧!以绿萝为主打,间以文竹、蟹爪兰、兰花、金边虎尾兰等,青翠欲滴的枝叶,星星点点的小花,能把教室装扮得生机盎然,你会感觉连空气都清新了许多呢!

二、拿出一个"精装版"的班主任

人有两个版本:"平装版"和"精装版"。师生第一次见面,班主任一定要"精装"不要"平装"。新学期开学,像赴一场约会那样把自己打扮清爽。穿职业装,做新发型,化淡妆;出门前对着镜子挑选一个最美的笑容凝固在脸上,让自己显得富有亲和力;调整好状态,拿出最佳的精气神,既温文尔雅,又状态饱满。见到学生,要表示关心,如果遇见家长还可以聊聊孩子,初步建立好感。

三、给学生一个拥抱

你知道一个拥抱的作用有多强大吗?有调查表明,20秒的拥抱就能降低血压、稳定心率,并令人体释放出让人感觉良好的化学物质,经常拥抱还能让亲密关系更牢固。河南省最具影响力的班主任秦守洁老师讲她的带班故事,其中就有"开学,从拥抱开始"。开学第一天,她跟所有的孩子一一拥抱。她说:在拥抱中,你会感受到每个孩子的不同。有的孩子主动热情,动作"老练",这一定是沐浴在幸福里长大的孩子;有的孩子身体机械僵硬,像是例行公事,这不一定是缺少关爱却一定是缺少细腻关爱的孩子,是否也缺少了一些安全感呢?不过,未来还长。拥抱,就意味着接纳;拥抱,将为今后的日子染上一笔亮色。

我阅读着她和学生拥抱的故事,沉醉不已。从此,我也开始跟学生用拥抱开启新的学年,并切实地感受到,师生之间一旦有了肢体联结,情感联结往往建立得更自然更顺畅。

四、分好第一次书

分书是团队协作的第一次展示,用心一些,可以在这个环节上做得更有趣和更高效。

抱书:学生报到后,派10个左右的学生排好队到图书馆抱书。班主任要留心观察孩子的表现，初步建立对他们的认识，以备第一次班会课上点名表扬，这样的表扬会让孩子们感到意外和暖心。

分书：每个学生负责两种课本或作业的分发，正面朝上，放在每一个同学座位的左上角，负责到底，不能出差错。

码书：教室分为三列，派三个同学码书，要求统一摆在桌子的左上角，大本在下，小本在上，码整齐。

点书：下午学生陆续到齐，按进教室先后从前到后落座，每人清点书册，不够的直接到讲台取。

这个过程，孩子们定会干得欢天喜地。而其他孩子一进教室，也会倍觉惊喜。

五、组织一次小游园

接手起始班级，尽可能带着他们去校园走一走，认识教学楼、行政楼、校史馆、田径场、体育馆、餐厅、后勤处等。教师要提前备好课，讲解好每一处的意义，比如校训、办学理念、校徽的含义、特色建筑的寓意和往届校友的故事。这些都能极大地激发学生爱学校、爱生活、爱学习的美好感情。在空间的不断变化中，师生之间独特的交流会显得别出心裁，这样的游园会让学生终生难忘。游园之后，让学生写一篇日记或作文，有助于强化学生美好的感情。

六、照一张"全家福"

在游园的时候，不要忘记照一张"全家福"哦！告诉学生："走进一家门就是一家人，当然要照一张全家福了！来，笑得灿烂点啊！一会儿我要发群里，爸爸妈妈都能看见你哦！"学生的表情各式各样：咧开嘴露出七颗牙齿的，对着镜头搞怪的，恰恰在镜头闪光时闭上眼睛的，跟熟悉的同学勾肩搭背的……新建班级，孩子大都没穿校服，照得并不整齐划一，尤显得千姿百态，令人捧腹。不过照成什么样并不重要，重要的是增强学生对集体的认同感。

七、排好第一次座位

春晚小品《抢C位》讲述了开学时几位家长使出浑身解数为孩子占"C位"的故事，可见座位在家长心中的重要作用。对于座位的排列，家长和学生的诉求并不一致，家长关注的是"地段"，学生关注的是"跟谁在一起"。但班主任心里要有数：开学座位的排列有着临时性和"给孩子们归属感重于一切"的特点，班主任当以有利于课堂管理和满足学生诉求为首要，整体看"身高"，个别看"视力"。如下方法供教师参考：

先到先得，自主选择。这样熟悉的、有好感的同学会坐在一起。不用担心他们"熟人见面，分外话痨"，新建班集体，不到问题暴露的时候呢！

游戏选同桌。老师说到哪一类的学生站一起，学生们就迅速站一起，在规定时间内作完自我介绍，看谁认识的人最多。经过了这场小游戏，孩子们对集体的认同感增强了，然后让学生决定跟谁坐一起。大体上按高低个排列一下，横排顺次落座。

抽签选座位。每个座位贴一个数字签，每个同学抽一个数字签，拿着手里的签找对应的座位，先坐着，感觉不合适，立马就调整。

开学排座位带有一定的局限性，后期还会调整。针对家长的诉求要私下给予回复：（1）现在解决了大班额问题，老师们会走下讲台，在教室里转悠，不存在老师关注不到的问题。（2）座位不是一成不变的，每两周轮换座位：按列轮换，解决"边角一排"的分配；按行局部轮换，即前三行轮换，后三行轮换，解决了"最后一排"的分配问题。（3）孩子本身所拥有的优秀品质，并不会受座位的影响。教室里的任何一个位置都能成为C位。

八、上好第一节班会课

开学后的第一次班会课，我会从自己名字的谜语导入。开学前的"情书"里，我已经将自己的名字设成了谜面，问学生是否猜出。名字谜语不只是文字游戏，也能激发孩子们对汉字魅力的惊叹，他们总为此兴致高涨。然后，我会"把话筒交给学生"，让他们作一分钟自我介绍。我授以学生罗振宇的"电梯自我介绍三部曲"：第一步：我是谁；第二步：有何不同，何以见得；第三步：发出呼告。这样有利于生生之间快速建立起联结和好感，有利于班级的融合。课前我已提前把学生的名字打在了PPT上，学生差不多用一节课便可以介绍完。

为了迅速让个体融入集体，我还把学生的名字串成故事，比如启航班：

碧海蓝天之间的启航

阳春三月，东方<u>栩晗</u>，<u>光来</u>而<u>怡霏</u>开，万道<u>景瑞</u>洒落在波涛<u>文浩</u>的海面上，一座美丽的<u>珈屿</u>犹如一只小蓝鲸，在碧波中<u>静怡</u>地游<u>弋</u>，看上去无比<u>璟妍</u>。

来自<u>闽豫</u>的少女<u>宝妮</u>和<u>嘉婧</u>，沿着清澈见底的<u>子淮</u>，走向巍巍高耸的<u>文岳</u>。一路上，<u>泽楠十分俊超</u>，<u>敏桦</u>下游人<u>茵依</u>，<u>子萱</u>上闪烁着晶莹的<u>露露</u>，<u>新雅</u>别致。

少女拾阶而上，绿树掩映中的<u>嘉城</u>分外<u>铠豪</u>，门前立巨柱一根，曰<u>永桓</u>；有窗三扇，曰<u>艺轩</u>、<u>大梓轩</u>、<u>小梓轩</u>。窗前坐两位翩翩少年，一<u>睿彬</u>，一<u>哲楷</u>，品茶下棋，俱怀逸兴壮思飞；茶几上两幅艺术品，曰<u>艺祯</u>，曰<u>艺嘉</u>；少年脸上的神色，时而思<u>彤</u>，时而思<u>涵</u>；少年心事浩茫，时而<u>涵恩</u>，时而<u>宇涵</u>。

许久，一少年<u>蔡凯</u>，对酒当歌许诺：我今方年少，正欲展翅飞。另一少年<u>晰诺</u>：折桂同载酒，不负少年游！

此刻，晴风暖阳下，碧海蓝天之间，一艘大船已然<u>启航</u>！风物如此<u>梓妍</u>，苗老师不觉心然，饱蘸<u>子墨</u>，书写当下美好，是为记，<u>子铭且益铭</u>！

这篇小文格调高雅，意境高度契合了"启航"二字，当我把这个故事打在PPT上让学生阅读时，每个人都兴奋异常。擅长朗诵的余子墨同学主动把这篇文章制作成音频，配上优美的背景音乐，使这篇文章很快就脍炙人口了，学生们也因此有了持久的喜悦和凝聚力。

又比如绿色森林班:

绿色森林班的童话

清晨,天空中淅淅沥沥下起了吕俊霖,空气清新得令人醉氧。

不久,雨过天晴,天空一碧如洗,苏思瞳又露出了灿烂的笑脸,许凯熙在微微润湿的空气里流动。放眼望去,吕泽堃欣欣向荣,周峻宇澄澈明媚,林子烨光辉灿烂。

随着一阵欢笑,来了几个孩子。两个男孩子,叶航君和连有圣,他们壮志在胸,心中陈哲铭着美好的愿望,希望成为人中的林志杰;同时,他们富有仁者之心,心中常怀任淳义和揭致恩。两个女孩子,李羿婵和庄采婕,她们各自佩戴一块美玉,一块美玉叫陈静琪,另一块美玉叫杨思琪。美玉做工精美,十分黄信巧。孩子们跳着唱着。

这时,林子皓里飘来两片羽毛,一片张新羽,一片吴骐羽,看上去非常倪嘉妙。孩子们赶紧去追逐,动作陈睿捷。追着追着,追到了一片奇异的地方!这是一片茂密的森林,蓝芷乔亭亭玉立,蔡劲棪高大挺拔,吴欣蔓摇曳多姿,陆莲梵香远益清,黄凌茵萌态可掬。每一个生命都闪烁着美丽的姚政泽,每一个生命都跳跃着动人的陈凯煊。森林的另一边,杨洋上闪耀着明亮的王艺波,邓钰涵里水波浩渺,衬托着连绵起伏的远山,像用黄子墨画出来似的,令人心旷神怡。

最让人开心的是,苗老师、石老师和Mary老师也在这里啊!苗老师说:"孩子们,世上最美丽的画卷,描绘的是我们成长的愿景;世界上最动人的童话,发生在我们成长的春天!孩子们,老师陪伴着你们,写好绿色森林班的童话!"

当时,我打开PPT,孩子们念着笑着。我一边念,一边"随文解字",比如"苏思瞳又露出了灿烂的笑脸",有些孩子们并不理解"瞳"是什么意思,我就援引"千门万户瞳瞳日"给他们释义,孩子们听得兴味盎然。念到谁,谁就快快乐乐地跳出来与大家见面。读完,掌声如潮,久久不散。学生们纷纷发言,蔡劲棪道:"老师竟然能把我们的名字串成一个童话,我用一个字形容今天的课：绝！"李羿婵道："这篇文章意境好优美，我一下子觉得中国文字好美！"

需要说明的是，这个故事并不是一开始就叫《绿色森林班的童话》，起了班名之后，才更名的，最后一段也是后来补上的。在朗诵的时候，陈哲铭提议说："老师，我想将您和其他老师也写进故事里去。"我微笑道："很好的主意！那咱们集体创作吧！"学生们兴冲冲地修改起来，每个孩子都在创作里找到了存在感。这是大家集体智慧的结晶，学生们很自豪。

九、上好自己的专业课

上好自己的专业课，让学科能力成为班主任的加分项。在开学季，班主任的思想、学识、才干都将首次展现在学生面前。所以，8月底就要把开学前两周的课全备好，一开课就抓住学生，力求给学生留下热心教学、知识渊博、教学艺术高超的良好印象。

十、画一张班级发展蓝图

开学第一周，可以给孩子们画个"饼"了！带着学生一起，从学习成绩和班容班貌两个方面，畅想班级成长目标。制定班级发展目标时，教师要充满激情和专业地引导学生，力求使每个学生听后思想受到鼓舞。画一张班级发展蓝图，就会起到凝聚人心的作用哦！

十一、开一个"辞旧迎新"的微班会

孩子新到一个班集体，对原有老师的依恋会转化为对新老师的距离，这不利于教育的顺利进行。通常我会在教师节前开一次微班会，给学生发一张彩纸，让他们给以前的老师写一封信，表达感谢并告知新的学习生活的美好。我尊重他们原来的老师，也表达了这样的期待：对过往生活最好的纪念是成为更好的自己。在班级群里，我也会明确告知家长：分班是必

然的，孩子能接触更多的老师和同学，是一件对成长有益的事，请各位家长帮助孩子尽快树立起对新班集体的热爱。如果孩子表达了对新班级的不适应，家长应帮助疏解，而不是跟着焦虑，任何对新老师的不信任都是对孩子的伤害。

微笑着跟着新生活往前走吧！让过去过去，让未来到来！

开学季,别忘了给家长写封"家书"

人与人的相处是有磨合期的,家校之间的很多问题往往发生在磨合期,作为班主任要尽快缩短这个时期。通常开学一个月内,我会给家长写一封信,聊聊孩子们的情况,以肯定为主,让家长看到希望;讲讲我的规矩,让家长明白班主任的教育理念。这是我给绿色森林班的家长写的信:

为什么我如此深爱这朵玫瑰

尊敬的各位家长:

大家好!感恩缘分,让我们相聚,我会真心地对待每一个孩子。记得孩子刚到校时,广庭清晓,凤凰花开。转眼间,云天收夏色,木叶动秋风。一个月就要过去了,今天我想跟大家聊一聊班级情况和我的教育理念。

一、班级情况:绿孩子居多

绿色森林班共32个学生,多属绿色性格,他们大都有温柔祥和、宁静愉悦的气质,人际关系和谐,能较快融入新环境。也有个别红色性格的孩子,喜欢在他人眼中显得光鲜,喜欢主动抢占气场。每个孩子的性格和修养里,带着家庭教育的原始信息,感恩您对孩子的教育,让我遇见一群可爱的绿孩子。走进绿色森林班,希望我们一起打造绿色传奇。经过一个月的努力,优良的班风开始形成,主要体现在:孩子普遍情商高,热爱老师,能够接受老师不同的教学风格,能够理解老师善意的批评。孩子们思想纯正,宽容和谐,普遍富有同情心和同理心,同学之间矛盾比较少,即便有矛盾,也容易化解。当然就像硬币有两面,整体上这些孩子也存在着心态偏向轻松、阅读习惯和书写能力偏弱等问题,后期我和团队里的教师会加强引导。

二、明确我们的关系：我们是教育合伙人

在《小王子》中，小王子为什么如此深爱那朵玫瑰？因为小王子为她花费了时间和心血。从心理学原理上说，这叫"栽花效应"。如果说班级就是一块花田，那么班主任就是这块花田的第一责任人，班主任是最渴望看到孩子绽放的那个人。您的孩子进了我的班级，我们就成了教育合伙人。我希望能够获得家长的信任，真诚地为孩子的成长助力。为了孩子更好地成长，我愿一路修行。如果孩子需要特殊的关注，您一定要坦诚相告。同时呢，教育的根在家庭，教师做的只是来料加工，所以，为了成为更好的父母，我也建议各位家长读一些优秀的育儿读物，比如张文质的《奶蜜盐》、边玉芳的《读懂孩子》等书。

三、把孩子交给老师要放心，成就孩子要放手

家长要相信孩子有适应新环境的能力，孩子是在与他人的磨合中学会达成自己的利益诉求的。如果他有短暂不适，也是他的必修课，正如帝王蛾的成长，它的身体必须从狭窄的出口挤出来才能飞翔，没有人能施舍帝王蛾一双奋飞的翅膀，除了它自己。建议家长心胸放宽一点，不要要求老师每天都反馈孩子的状况，过度关心不但不利于孩子独立自主的性格的形成，还会给孩子一个暗示：他们不是自己的第一负责人。

您如果想了解孩子的在校表现，请关注每天的"班级日志"。这是我们班级生活的一日复盘，由值日班长轮流记录。如果您的孩子经常被表扬，请家长在周六周日给孩子一个奖励，让孩子更自信、更阳光。如果您的孩子经常因不好的事情上榜，请家长也要正确地看待孩子成长中的错误，及时跟孩子谈谈话，鼓励并对孩子作出要求。在这点上，我特别想表扬往届学生丁光来的妈妈，光来这个孩子，优点和缺点都很"出众"，有一段时间几乎天天"榜上有名"，光来妈妈看到后总是表示抱歉：苗老师，孩子给您添麻烦了！并在当天给光来打电话叮嘱他克服缺点。所以，光来的问题越来越少，心态越来越阳光，而且对老师非常亲近。当然，如果您的孩子没有上榜，这也很正常。根据二八定律，他就是那80%的不求闻达但也有底线的孩子，他在默默地扎根，默默地生长，总有一天，他会回报您一个大大的惊喜。

如果孩子有特殊情况家长需要了解，尽量选择在工作时段给我发信息，

只要我一有空，就会利用边角碎料时间回复。有家长喜欢在中午12点给老师发微信，事实上，中午是班主任戎马倥偬的一天里唯一一段可以休整身心的时光，您一条烧脑的信息发过来，老师情绪紧绷又睡不着午觉了，午觉睡不好真的很困倦。还有，您想了解什么，请编辑好信息一次说清，不用问"在吗""老师方便吗"，也不要发语音方阵，诉诸听觉的语音远不及诉诸视觉的文字便捷。

四、营造正气充盈的班级氛围，从互相欣赏开始

我们倡导师生之间、师师之间、生生之间、家校之间形成相互欣赏的氛围。感谢我们的家长培养了这么活泼可爱、和气上进的孩子，有人说，"教育孩子，你期待什么你就鼓励什么，你鼓励什么你就看到什么"，请继续爱和欣赏我们的孩子。同时感谢您对孩子的正确引领，引领孩子尊敬教师团队是对我们莫大的支持。老师也需要赏识，当尊重老师的信号抵达孩子的内心，我们的教育才能收到最大的成效。即便遇到孩子有情绪，抱怨老师、抱怨作业多呀难度大啊，您也别附和，别给孩子创造偷懒的机会。尤其在一些家庭里，教师是教育孩子的最后一道防线，请勿"破防"，造成今后工作的被动。老师有胸襟能接受孩子的任何问题，家长的负面想法只会将自己与教师置于对立面，不利于孩子健康发展。一般而言，人们是喜欢以你对待他的方式回报你的。如果一个教育场域里，人人都能互相欣赏，人人心花怒放，人人身心双健，人人心灵里都住着一个美好的世界，那学习也将成为一次幸福之旅。愿我们在沟通中达成共识，让我们"爱的焦点"呈现出更好的成长态势！

您的教育合伙人：苗老师
2020年9月26日

这封信我是先发表在公众号上，再转发到家长群的。有家长看后写了感悟，表达认同。还有家长转发到朋友圈，特意标注了："这是我女儿的班主任写的！"并带上鼓掌的表情符号。

其实，根据工作需要，我几乎每学期都会给家长写几封信，针对班级共性问题，当面不便讲或讲不清楚的事情，以公开信的方式告知，开学季的

"密度"尤其大一点。比如，第一次月考之后，学生成绩有起伏，为了帮助家长正确看待学生成绩，我又写了这封信：

面对成绩，正确归因

亲爱的家长们：

大家好！中考结束了，绿色森林班优良的学风在此次考试中初步展现，很多家长可能还纠结在每一科的成绩里，我在这里有一些心得分享给大家。

一、淡化考试的竞技色彩，凸显考试的检测功能

考试是对前一阶段学习的小结，是帮助孩子们查漏补缺的手段。孩子们的基础不一样，但都有渴望进步的动机。只是有些孩子先发力，有些孩子后发力。相比较显性的成绩，更需要关注成绩背后孩子的问题和生长点。同样的分数，背后的原因是不同的，多关注孩子的学习习惯、学习兴趣，这是最为关键的。立足于孩子当下的问题，看看可以怎样帮助到孩子，这才是这次考试的目的。

二、坦然地接纳高段与低段成绩的不同

有家长看到孩子成绩"下降"，就开始焦虑。而事实情况是，随着年级增高，学习难度在增大。以语文为例，低年段的考察内容多在课内，而高年段的试卷，大多是考察前期的知识积累和迁移能力。曾有人打过这样的比喻——学语文好比包饺子，低年段的语文是今天教你擀皮，作业就是擀皮，考试还是擀皮；今天教你盘馅，作业就是盘馅，考试还是盘馅；直到教会你包饺子，就考包饺子。但高年段是课堂上教你包饺子，作业让你做馅饼，考试让你蒸包子。到中学高年段，就是给你一口锅，你自己买食材，做出一桌子满汉全席。如果我们回想一下自己的学生时代就明白了。在小学一年级时，语数能得双百分的比比皆是，低于90分已经排名靠后，但随着年级的升高，高分越来越少。有家长看到孩子成绩不佳，就传递焦虑，与其焦虑，不如把成绩看成一个继往开来的生长点。一张试卷，考查出来的不仅仅是这段时间的知识，还有基础年级的习惯积累、知识积累。家长要帮孩子分析试卷，看出优势与不足，把目光投注到半年后、一年后，甚至更远的时间里，

去看待孩子成长中的得失，才是正解。

三、相信每一个出现在孩子生命里的老师都是孩子成长的贵人

为了孩子的成长，我们一直在努力，一直没停止。我是教师，也是母亲，我女儿也曾成绩落后，感谢班主任林老师给了很多指导意见，作为家长，我全力配合。现在，她的总名次已经在年段名列前茅。人同此心，我也特别理解那些成绩暂时还落后的孩子，平时他们有点滴的进步，我们都看在眼里，想办法给他鼓励，让他体验到学习的快乐和集体的温暖。同时我们也在不断地调整教学方式，力图以最深入浅出的方式让孩子们乐学、好学。

接下来，要进一步加强课堂管理和家庭作业管理。请各位家长能协助我狠抓家庭作业，您只需要督促孩子把家庭作业完成，掌握孩子做题的时间和状态，做完签上名字，写好家校联系本。其余的，对错由老师来判断。我将和任课教师一起加油，为孩子学习助力！

祝周末愉快！阖家欢乐！

您的教育合伙人：苗老师

信写好之后，我发到了家长群里，家长一听在理，焦虑的情绪缓解了。给家长写信，起到了开家长会的部分作用，毕竟家长的时间也很珍贵，能用文字说清的，别让家长请假跑一趟腿。一段时期孩子有了比较集中的思想或行为问题，我就通过写信的方式与家长沟通，谈谈学习方法、生活习惯、劳动教育、"爸爸的重要性"等。给家长写信，目的是搭建教师、学生、家长的三方沟通平台，促进家校共育，为孩子的成长保驾护航。

创意小纸条，让孩子把荣耀带回家

开学之初，班主任一定要拿着放大镜观察学生的优点，力图在第二周孩子离校时，让他们带着一张"小纸条"回家！小纸条里写什么呢？写孩子的优点，比如：

尊敬的黄子墨家长：

您好！感恩您把这么好的孩子交给我，使我每一天的生活都变得生机勃勃，我很开心和您分享子墨取得的进步：

1. 他的作文写得非常优秀，文从字顺，词汇丰富，章法严谨。作文《一个好玩儿的地方》是当之无愧的No.1！
2. 他的书写像条播的新芽一样美好清新。
3. 他的《感念恩师》的设计线条流畅，构思独特，很有思想。
4. 他懂得尊重和爱护他人并被他人所喜爱！

我相信，您和我一样为您的孩子骄傲！我坚信，未来孩子定会有更多的优点扑入眼帘！我很高兴担任您孩子的班主任，我陪孩子长大，孩子陪我变年轻，我们共度一段愉快的时光。谢谢您的支持！

您真诚的教育合伙人：苗老师
2020年9月18日

写这样的文字，内心是喜悦的！我们班无论有多少个孩子，都人人有份！按学号一一排列，一个都不能少！我用粉红色的A4纸打印，拎起裁纸刀裁开。进教室，当孩子们听说爸爸妈妈要收到一张表扬他们的小纸条时，非常开心！我笑："爱是没条件的，但取走这个小纸条是有条件的哦！要乖哦！"果然，学生一整天都很乖。

"小纸条"的创意来自《从优秀教师到卓越教师》，这是美国教师安奈特·布鲁肖和托德·威特克尔合著的一本书，书中说："给每一个学生家长都写一张小纸条，不仅向学生的父母表达了对他们的信任和欣赏，而且向学生表达了你为他们感到骄傲和自豪，甚至展现了你对学生和教育的满腔热情，没有哪个家长会藐视有关自己孩子的好消息，当家长相信你关心他们的孩子时，他们会更乐于配合你的工作……"

其实，写小纸条的意义或许不止如此，每个孩子都是父母眼中的焦点，在学生刚进入新环境时，家长也会有分离焦虑。家长关注学生，日常中零零碎碎地问："苗老师，在吗？""苗老师，我想了解一下孩子在学校的情况。"这样的"碎碎问"也很占用教师的时间和精力，不如第一周就给家长写一张小纸条，按学号一个一个来。

放学前，我发小纸条，念一个名字，来一个同学，个个欢天喜地地阅读，还前后左右交换小纸条看，孩子们笑着、跳着，有礼貌地和我说再见。每个孩子都是那么兴高采烈，他们一遍一遍地念着老师给他们写的私人定制的表扬稿，并且幻想着回家给爸爸妈妈宣读时的自豪。我想，我给孩子们创设了一个让他们的优点被看见的机会，今后，他们会强化这些优点。一个成长中的孩子，他能感觉到自己优点的地盘在不断地扩大，我们的教育是不是更有效一些呢？表扬稿宛如投进湖水中的石子，荡起了一圈圈幸福的涟漪！

"人生若只如初见"，初见，距离已经缩短；未来，还有大把大把时光容师生用爱填满；初见，我们已经将对彼此的好感洒在心田，为无限的未来镀上暖暖的底色。这样的开学季，不说"惊艳了岁月"，也可称得上"温柔了时光"吧？

创意二

生涯规划，
激活学生成长内驱力

成长内驱力的觉醒，当是教育追求的最终方向。"如果你想造一艘船，首先要做的是激发他们对海洋的渴望。"开学不久就可启动生涯教育，帮助每个孩子唤醒自我。当学生将整个身心融入学习，态度自觉，状态饱满，学而不厌，即便是未来学习上出现了起伏，也能有弹性地面对下一步的学习。

认识自我,开启"王者归来"之路

一、电影激趣,唤醒自我

"每到周末倍思亲",又到周末了,学生兴奋得像"一滩鸥鹭",我微笑着说:"这一周呢,我们布置一个有趣的作业——看《狮子王》。"尽管孩子们大多都看过这部电影,还是很兴奋,尤其是在确认了不用写观后感后,欢笑声响成一片。

周一返校后,师生一起梳理了这个故事,最后我说:"其实,《狮子王》跟很多王子公主的童话是很相似的,角色看似很多,其实不过三个——主人公、反对派、帮助者。基本套路是:主人公生活在自己的王国里,过着宁静的生活;有一天,他踏上一段旅程,遇到反对派,也遇到朋友;一开始,他打败一些小怪,然后和大魔王决战,九死一生;起初,他处于劣势,但帮助者出现了,启迪了主人公的思想,加持了主人公的能量,助他获得恩宠时刻,战胜反对派,获得礼物,又回到了自己的失乐园。是不是?这是神话大师约瑟夫·坎贝尔在研究全世界各地的神话系统时,发现的'英雄之旅'故事套路。坦率点说,你们看电影的时候,有没有代入感?有没有觉得你们就是辛巴?"

学生说:"还真是的!"我说:"是呀,伟大的故事讲述的都是我们自己的故事。我们在座的每一个人,哪一个不是自然选择中的胜利者?我们都是王者,只是后来,我们的王国丧失了!——这样的故事,有着美好的隐喻:生而为人,我们都是王者,我们一生的努力只是成为我们自己,找回属于我们自己的力量,这是每个人的使命!"

二、感知差异，进一步激发潜能

我给学生播放《极限挑战》的视频：开始时，所有孩子被安排在同一条起跑线上，嘉宾会向他们提六个问题，回答"是"的孩子可以向前走，到达下一条线。问题是这样的：

（1）你的父母受过大学以上的教育吗？

（2）你的父母给你请过一对一的家教吗？

（3）你的父母是否让你持续学习一门特长？

（4）从小到大，你是否有出国的经历？

（5）父母是否承诺要送你出国留学？

（6）从小到大，你是不是爸爸妈妈心中的骄傲，他们是不是经常在亲友面前夸耀你？

当所有问题结束，有的人已经遥遥领先，但还有的人站在原点，一步未动。原本同样位置的起跑线开始变得参差不齐。

接着一声令下，这些孩子开始集体向终点奔跑。

那最后冲到前20名的人，是之前站在前面的那20位吗？有他们中的一些，但不全是，后面跑过来的人甚至占到更多。

我让学生谈感想。学生谈论的结果是：人生而条件并不平等，起跑线真的不一样，但能跑到最后的，不只在于你先天就拥有的，更在于你后天的努力。

我问："是这样吗？如果人生只有一条跑道，或许是。但事实上，也许我们可以有更多元的思考。"然后，我播放了短视频《我们》，视频里众生百相，有人辛苦奔波从事着仅能维持生存的工作，有人雍容地过着光鲜亮丽的人生。我问："是什么造成他们之间如此的悬殊？际遇？环境？努力？人脉？目标？"

学生莫衷一是。我说："的确，答案是不唯一的。我记得魏智渊老师说过：'环境很重要，在西藏，再努力也烧不开一壶水……'我们需要理解各种因素在成长中的作用，掌握可控因素，发挥积极因素，做自己的人生规划师。"

三、自我测试，带着天赋和优势上路

我给学生简单讲了加德纳的多元智能理论和乐嘉的性格分类，告诉他们，这个世界上每个人自带的优势密码是不一样的，有人长于舞蹈，有人长于绘画，有人长于计算，有人长于写作……当我们的职业理想与爱好特长结合在一起，生命会很好地焕发热情。

我给学生搜索了一个寻找自我天赋优势的测试：

（1）用积极向上的词语描述自己的性格。

（2）你做什么事会进入忘我状态？

（3）你做什么事情得到的赞美最多？

三分钟后，孩子们分享结果。关于性格，他们的关键词通常是：真诚、果敢、安静、独立、活泼、自立、积极、安静、善良、勤奋、豁达、开朗、可亲、健谈、沉静、孝顺、友爱、幽默……

关于爱好，他们的关键词通常是：读书、打球、唱歌、跳舞、下棋、种花、做饭、旅游、摄影、绘画、表演、编程……

测试过后，每个人都兴高采烈，合不拢嘴。

测试准确吗？我可不敢肯定哦！做这样一个测试，并非要学生看淡学业上的努力，而是给学生另一种可能，帮助学生了解自己的天赋优势，培养孩子们选择的能力。爱因斯坦说："每个人都身怀天赋，但如果用会不会爬树来判断一条鱼的能力，那他终其一生都会以为自己是个笨蛋。"但现在所有的孩子都被捆绑在应试的战车上，他们需要松松绑，透透气，看看天。

这，也是我们的责任。

以终为始，"五步走"带着孩子一起去做梦

当学生对自己的性格爱好有了认识之后，确立目标便成了生涯设计的关键。通过制定目标，排除不必要的犹豫，一心一意致力于目标的实现。目标的设定要以自己的最优性格、最大特长、最有利资源等信息为依据。我倒果为因，以终为始，从远到近，层层推进，把目标的确立做成系列活动，带领学生一步步走过。

第一步：制定终极目标，描绘人生远景

如果说引导学生认识自我，看到自己的天赋，是"此岸"，那么这份作业旨在引导学生定位自我，看到愿景，是"彼岸"。当天赋与愿景打通，孩子内在的小宇宙就开始启动，当下与未来就有了连接的可能。而语文老师兼班主任最大的优势是：可以把语文活动和德育活动无缝衔接。据此我布置家庭作业：用富有想象力的语言，描绘15年后想要过怎样的生活。

下周收作业，我一边批阅一边微笑，孩子们未来的职业理想真是丰富多彩：做电商，做餐饮，做养生保健，做远程医疗，做家居设计，做大脑芯片……凡所应有，无所不有。课堂上，我把作文发给小组互览，他们个个兴致勃勃地传阅着、交流着。我打趣他们："每个同学的作文至少要有五个读者哦，相当于你的作文发表了！把梦想说出口的好处是什么呢？相当于把背包扔过墙，意味着下一步你必须跳过去！"

第二步：确定远期目标，选择心仪的大学

我布置作业："设想六年后参加高考报考，请以海报的形式，介绍自己心仪的大学。要关注三个要素：城市、大学、专业。选城市相当于选地段，买的是配套设施；选大学相当于买房，买的是生活品质；选专业相当于结婚过日子，要考虑脾气是否投合。但是不尽然哦，专业很少，职业很多，大体对等即可。选择一所学校，最好再查阅它的发展历程、人文环境、知名校友、特色专业、办学优势、录取分数等。海报的尺寸、上交时间、展出方式都有要求……"

有学生问："老师，为什么不可以是手抄报或 PPT 呢？"原因很简单，手抄报内容太少，PPT 展示交流需要整块时间，而且不易在我们的视野里长期存留。

这里展示其中的一份海报：

"表白"北大的 N 个理由

北大档案——

身份证用名：北京大学

曾用名：京师大学堂

乳名：北大

英文名：Peking University

生日：1898 年

籍贯：北京

一、城市优势足

北大地处国家政治、文化中心北京，文化上呈现出传统与现代、东方与西方交融的特点。开放包容，雄浑大气；高校密度大，文化氛围好；大师讲座多，价值观多样；能人辈出，规则意识很强；人文景观和自然景观都很多，可去陶冶情操。最大的缺点是雾霾、堵车、冬天冷，但这些瑕不掩瑜。

二、学校实力强

有名师引领。北大师资雄厚，名师如林，中科院院士的数量在国内高校中高居第一，博士生导师2000多人。这么多才华横溢的大师们，每个人都有不同寻常的人生履历，想想他们在课堂上舌灿莲花的样子，我就心花怒放。能做他们的弟子，我定当见贤思齐，奋发图强。

与优秀者共舞。北大是全国中学生心目中的圣殿，一直以来就吸引着最优秀的学子报考。李克强、冯友兰、徐志摩、茅盾、朱自清、撒贝宁、张泉灵、李思思、俞敏洪、屠呦呦……知名校友，灿若星辰；优秀同伴，正向影响。我相信大学四年，得到的不仅仅是知识的增长，更是人格的熏陶。

校园环境美。燕园在明清两代是著名的皇家园林，北与圆明园毗邻，西与颐和园相望。"一塔湖图"下，春风如醇酒，著物物不知。湖光塔影伴随着师生读书的背影，是燕园中最美的图画。我若有幸在湖光塔影下读书、漫步，必将习得优雅的气质、别样的思维和不凡的抱负。

毕业去向好。北大学生就业率之高、出国人数之多、深造名校档次之高，居全国之首。几乎所有大牌的互联网公司都集中在北京：美团、爱奇艺、百度、优酷、360……就连阿里和腾讯两家巨头也"叛变"了原所在城市，在北京安家落户，北大自然近水楼台先得月。互联网公司肯定会在两所全国排名最好的大学里招聘！

三、专业优势大

绝大部分文科专业如中文、哲学、法学、信管、外交、历史、政治、外语、经济等，北大是国内第一；绝大部分理科专业如数学、统计、物理、力学、化学、生物、心理、地理、地质、环境等，北大也是国内第一。我还没有确定好喜欢的专业，但是大一是支持转系的，而且专业和未来的人生发展也没有必然的联系哦！如果能乘坐北大这节高速列车，我还考虑什么座次呢？先坐上去呗！我相信，我坐哪个位置都不会亏！

看到这样的文字，我内心里是很为孩子们骄傲的，因为这就意味着他们背后做了很多功课。不管孩子能不能考上心仪的大学，当他们兴致勃勃地为未来作准备的时候，他们就已经走在了"高效能人士"的路上。

第三步：确定中期目标，选择神往的高中

为了让目标落地，我要求学生从网上、从亲友那里查阅南阳市几所重点高中近五年的录取分数线、录取人数、分配生名额，结合自己的成绩，定一个靠谱的目标。

我特别提醒同学们：你们现在才刚上七年级，胜负未定，皆为黑马，要以发展的思维看自己，要对自己有足够的信心。

孩子们根据自己的成绩定出了略高于自己现有能力的目标，欢天喜地地把心愿卡放进了精致的心愿瓶里，我用一个红色的手帕封住了瓶子，未来我们要打开看一看。孩子们带着几分雀跃的心情做着这些活动，教室里春风满堂。

第四步：确定近期目标，实现学期突破

"如果你不知道你要到哪儿去，那通常你哪儿也去不了。""仰望星空"给了孩子方向，但还要"脚踏实地"，让孩子思考路径和方法。

我用 A4 纸设计出一张致远学子目标卡，目标卡包括：现有成绩、期中目标、期中实际成绩、期末目标、期末实际成绩、对手、对手优点、对手签名、父母寄语等。

这样的目标设定，时长跨越了一个学期，为的是磨炼学生的意志；选定对手、对手签名，为的是用"同伴效应"加持目标落实；父母寄语，为的是让家长加入到对孩子学情的关注中来。

整个目标确定的过程，宛如镜头层层推进，从远景到中景再到近景，层层落地。我想通过这样的活动，唤醒每个孩子的天性，让学生朝着目标奔跑。让过程变得美丽，让结果值得期待！

第五步：写出你达成目标的几件事

正如一场战役需要确定作战方案一样，有效的生涯设计也需要有切实可

行的策略方案。方案一经明确，立即开始行动。

班会课上，我问学生："如果你们达成了自己的目标，那是因为你们做了哪些事情？记住哦，人的成长不是一个长板能盛起一桶水的事，光有学业的精进不能成就美好的人生。除了学业之外，品德、习惯、心态也是成长的'刚需'。不要写太多，五个左右就可以。"学生们思考并讨论，我参与其中帮学生梳理：

（1）体能：车愈坚而行愈远。多参加运动，练出良好的体格，才能应对繁重的学习任务。

（2）心态：心理素质要积极平稳。要学会自我关怀，管理好情绪，不要让消极情绪掌控自己。

（3）品德：品德是立身行事的根本。要有意培养诚信、负责任、感恩、自尊、自信、勤劳等品德。

（4）习惯：好习惯让人受益无穷。培养整洁、守时、阅读、审美等习惯最为重要。

（5）选择：要事第一。参考时间四象限中的排序进行选择，把精力放在"影响圈"而不是"关注圈"。

（6）思维：智力品质依然是一个人的核心竞争因素，进行提升专注力和记忆力的训练。

（7）意志：人能走多远，不要问双脚，要问志向。有了目标，就有相应的执行力和坚持力。

对这些关键词的解读，我们通过一次次的活动，达成了共识。而且，这些目标也不是绝对"依次"达成的，中间是有多次交叉的。

若霖想考武汉大学，但写了一会儿又涂掉了。我告诉她："试着想想，你就站在武汉大学的校园里，樱花飘满校园，回头看看那是因为你做了什么。"她说："老师，我只是画饼充饥哄自己……"我说："心想才有可能事成，你连想都不敢想，那真的就没有可能了。"她终于写下了她达成目标的途径，交给我的时候说："老师，我想如果我能把这些事情做好，就能考上武大！"我抱了抱她，她很开心地笑了。后来，若霖以优异的成绩考上了南阳二中。

"定目标，追过程，拿结果"是我们生涯规划的路径。以终为始，是帮助学生换一个角度看问题。站在山脚下可能只看到一条路，站到山顶时会看到更多通达的路径。假如目标均已实现，学生们已经预支了幸福，在多巴胺、血清素、内啡肽、催产素的作用下，缓解了焦虑，树立了信心，我想他们的步履一定会走得更坚定吧。

用精神原型的能量照亮人生

你有没有欣赏过一个遥远的人,他永远站在远处,自带光芒,活成了你想要成为的样子。他仿佛是另一个你,他的身上投注着你成长的密码。这个人,我称之为"精神原型"。"幼儿养性,童蒙养正,少年养志,成年养德。"十三岁之后的青少年,智识渐开,正是意气风发、独立学习之时。寻找精神原型,激励学生"长成他的样子",树立远大志向,最终"长成自己的样子"。

第一步:明确精神原型长什么样

不是什么人都可以成为精神原型的,为此我是怎么引导的呢?在班会课上,我很坦诚地跟学生谈起了我的精神原型寻找史:"苗老师起初最敬爱的人是雷锋。因为看了《雷锋日记》,苗老师想做一个像他那样利他的人。但是呢,雷锋作为精神原型形象太单一了,给人的滋养是有限的。上小学二年级时,读了《岳飞传》,岳飞的勤奋、忠勇、博大真的影响了苗老师,苗老师希望能像他一样精忠报国。中学时代,苗老师喜欢玉娇龙、三毛,总幻想有朝一日要背对世界一腔孤勇闯天涯,寻找'梦中的橄榄树'。——但是呢,引领我们的人最好还是积极入世的人。我现在认同的人是谁呢?一是曾国藩。他拙诚,品格正直,敢于死磕,年轻时不够和光同尘,但能够反思自我,行有不通,反求诸己,过上了有觉知的人生。当我有了曾国藩这个精神原型时,我仿佛有了无穷的力量。二是樊登,他的亲和力,他的知性从容,他创建商业帝国的远见卓识和创新思维,都深深吸引着我。当然还有教育圈里的同行,不过,这是苗老师心里的秘密了。"

最后我说："从精神偶像到精神原型的寻找需要一个过程，这个过程中，融进了自己的价值观和对自我的深刻认知。其实，你不会成为他们中的任何一个人，'王者归来'的寻找之旅最终一定是长成自己的样子，但你在欣赏他们、仰慕他们的同时，在默默地雕琢着自己。鲁迅说他在塑造人物时采取'杂取种种，合为一个'的方法，我们寻找精神原型大体上也是这样的。从你仰慕的这些人中每人提炼出三个优点，你会发现，他们的优点有重合的部分，那些部分可能是你最为期待拥有的品质，总结出几条，定向修炼自己。我把自己成长的秘密告诉你们，希望你们也有自己的精神原型。"

第二步：语文与德育融合，海量阅读打造精神原型

精神原型不是一下子就冒出来的，是经过筛选产生的。在寻找精神原型的过程中，阅读对一个人的精神发育起着无可取代的重要作用。为此，我们班启动了"海量阅读课程"，这是一个语文与德育的融合活动，作为语文教师兼班主任，搞这些活动真是一石二鸟。

七年级时我们设置"读传养志"阅读课程，阅读了曾国藩、马云、俞敏洪、褚时健、李宁、杨澜、冯小刚、白岩松、崔永元、柴静、李娜、李柘远、廖智、曹德旺、洛克菲勒、乔布斯等人的传记，引导学生寻找自己的精神原型。我还向学生介绍了林语堂的阅读趣味：读书就是寻找"文学情人"并与之对话，然后超越。只是，我们不是要做文学家，而是要寻找精神原型，仿效并超越。

第三步：让精神原型发挥引领作用

精神原型找出来之后，要求学生写文阐述。比如，读过《射雕英雄传》后，很多孩子迷上了"靖哥哥"，我也写文章盛赞郭靖的厚道、勤勉、忠义。"爱要说出口"，下一步是把精神原型说出来，贴在桌子上给自己打气，用精神原型的能量激励自己。比如卓晗的精神原型是任正非，他这样写道：

有志向的人才有未来，
大丈夫就要活出真我风采。
尊贵不因曾经的卑微而打折，
有精气神儿的人，特有范儿。
受到打压，也要微笑向阳。

这些理解未必准确，但孩子们在寻找中会认同某些牛人的特质并内化吸收。做这些有用吗？有用！每个人都需要一盏明灯去照亮人生。因为牛人的存在，我们知道"挨多少顿打才能成为角儿"；用牛人的优点，砥砺自己的品行；看到牛人为缺点所累，我们要学会和自身和解；遇到挫折，牛人的精神会化作"隐形的翅膀"，带我们飞出迷惘。

第四步：优点上墙，放大"被看见的力量"

为用而学，学以致用。通过这一系列活动，最终目的是要学生"照见自己"。为此，我设计了一张很精致的"致远学子优点卡"，每人一张，页面上方是我们班级的 Logo 和班训，主体部分分成两列，一列是"我的优点看得见"，写十个优点；一列是"爱我你就夸夸我"，要求全班十个同学为自己各找一个优点，不能重样。最后，签上自己的名字，写一句自我激励的话。整张卡，手写体，白纸黑字。学生做好之后交给我，我拿到文印室过塑，然后贴在教室外的文化墙上展出一星期，最后贴在学生各自的课桌上。我告诉学生，今后要做的就是培植自己的优点，壮大优点的地盘哦！

优点上墙太拉风了！下课了，不时有外班同学围观；开家长会，家长来此驻足；领导推门观学情，也会到此欣赏。我深信，在孩子优点萌芽时及时给予阳光雨露，"被看见的力量"会促发学生的自尊之心、向上之志、奋进之力。帮学生找到长处，是帮他找到自信心落脚的根据地，找到战胜错误的克星。当一个孩子的精力用在不断壮大自己的优点上，那些缺点就会因缺少营养而慢慢死去。

第五步：用专家的视角去评估和修正

评价和反馈的意义是对活动起到诊断、调整和推进作用。我结合学校下发的《中学生素质测评手册》，通过学生自我评价、同学互评、家长评价的方式，对每个学生的生涯规划进行评估和修正，对于达标的同学给予适当的奖励。

其实，未来孩子长成什么样，谁都不知道。当孩子"向着明亮那方"奔跑的时候，他们的潜力才能被激发出来。开展这些活动的那些天，学生们很开心。有学生告诉我："老师，我这几天感觉特别棒，好像我的想法都是从心里流出来的，是灵动的、鲜活的、充满力量的。"有一个学习特别糟糕的孩子说："以前很迷茫，现在我知道了，鱼爬不上树并不可耻。今后我还会努力学习，但再不会觉得学习不好就一无是处了。当我放下这个包袱，我的学习效率反倒提升了。"

培训学习方法,给学生渡船的"舟楫"

当学生完善生命、自我实现的愿望被点燃之后,要授以合适的学习方法。因为学生学习效率差,有时真的不是态度问题,而是能力问题。孩子们有时候之所以"坐观垂钓者,徒有羡鱼情",是因为"欲渡无舟楫",教师不妨趁热打铁,对学生进行学习方法的培训:

怎么培训呢?我设计了这样的活动:

(1)请本班学习能力强的同学分享自己的高效学习法。
(2)请往届优秀的学生进课堂,讲述他们的高效学习法。
(3)请每个同学分享自己的高效学习法。
(4)上网搜集高效能人士的学习方法和自我管理方法。

最后,我们推出了这几种高效学习法:

托尼·博赞的思维导图学习法。我对学生讲,樊登讲书时只看一张思维导图,就能讲得娓娓不倦、引人入胜。因为画思维导图有助于对问题进行全面的描述分析,有利于找到解决问题的关键环节。学习课文、研读新书、写作文、组织活动等,我都引导学生画思维导图,提升了大脑的整体意识和逻辑思考能力。

埃德加·戴尔的金字塔学习法。学习金字塔将采用不同的学习方式所能达成的学习效果从低到高依次分为:听讲、阅读、视听、演示、讨论、实践、教给他人。前四种为"被动学习阶段",后三种为"主动学习阶段"。我在课堂上给学生创设更多的讨论机会,以提升他们对原内容进行再加工和输出的能力。我也有意地创设一些实践学习的机会,让他们主动学习。更多的是引导学生"教给他人"以提高知识点存留率。我不止一次地看到有父母文化程度不高,却能培养出清北学霸孩子的励志故事,方法就是让孩子给人讲题，这无意中运用了戴尔的学习金字塔的最高层即"教给别人"。"送人玫瑰，手有余香"，这样的引导也有助于优良班风的形成。

费曼学习法。"教给别人"是一个非常理想的学习方法，但现实中学习任务一项接一项，连学霸也很难拥有每道题都给人讲的机会，怎么办？费曼学习法登场：面对你要讲的题，设想一种场景，你正要向别人讲述这道题，对方是一个"小白"，你对他知无不言，言无不尽。当你这样做的时候，你会更清楚地意识到关于这个概念你理解了多少，以及是否还存在理解不清的地方。如果感觉卡壳了，就回顾一下学习资料，直到你领会得足够顺畅，顺畅到能解释这个部分为止。如果你解释不清，说明理解还不到位，所谓"知不足，然后能自反也"。

史蒂芬·柯维的时间四象限法。这是柯维在《高效能人士的七个习惯》里提出的时间管理法："紧急又重要"的事情马上做，"重要不紧急"的事情缓缓做，"紧急不重要"的事情选择做，"不重要也不紧急"的事情不要做，可以据此用便签排列每天需要完成的事情，每完成一件画一个对号。

巴菲特两列清单法。我们借鉴了巴菲特的方法，写下十个目标，圈出最重要的五个放在 A 类，其余扔在 B 类。在完成 A 类目标之前，所有 B 类都是噪音。要么搞定，要么删除，这样让人更专注。其实质就是抓主要矛盾，彻底放弃次要矛盾。

刻意练习法。不要一听到刻意练习就想到"刷题"或"一万个小时定律"，其实并不是这样的。樊登讲《刻意练习：如何从新手到大师》时说：有些练习，只要你专注几百个小时就会有突破；有些练习，一万个小时还不够。还有人练习时心不在焉，就算超过了一万个小时也没用。明确的目标、老师的引领、心无旁骛的专注、跳出舒适区、及时反馈等，是被证实有效的学习方法。我特别提出不要在舒适区里打转转，不逼自己跳出舒适区，做再多的背诵、抄写，也难有长进。

番茄时间法。在家学习，可以买一个番茄钟。方法是，找到学习目标任务，确定一个时间单位，比如十分钟，第一个番茄钟开始计时，在接下来的十分钟里杜绝一切干扰，一心奔赴任务，直到任务结束，放松一分钟。然后继续学习，进入第二个番茄钟，一直循环下去，直到彻底完成任务为止。

艾宾浩斯遗忘曲线图。遗忘的规律是先快后慢，需要你及时温习，把短期记忆变成长期记忆。我们把记忆想象成一个顽皮的小孩儿，他拿着一个叫遗忘的橡皮擦，在我们记忆痕迹浅的地方欢快地擦拭。起初，他干得很欢，但是总有一些痕迹比较顽固的知识，他没办法擦得动。如果我们想阻止他那双小手，就要及时地进行巩固复习。了解了这些，我们会及时进行小结，通过测试的方式巩固旧知，也引导学生自主复习。

任何学习法都不只是一种学习方法，还是一种思维方式。这些都是我已然受益并终身修习的学习方法，讲这些方法时，我常常现身说法，学生也非常信服。这些学习方法并不需要一股脑全端出来，如何运用，全凭需要，但一定重在"知行合一"。方法再好，不落地是无效的。

创意三

文化建设，
让班级氤氲着人文气息

班级文化对学生的感染力是巨大的,它潜移默化地影响着学生的行为,陶冶着学生的情操。班级文化重在建设,是老师带着学生熬出来的"石头汤"。如何打造班级文化,我从物质、制度、精神三个层面入手,搭建了班级文化的整体框架。

物质文化，润泽的教室无声胜有声

物质文化是以教室环境为主要内容的文化形态，它是班级文化的载体，包括教室设施、教室布置和班级标志。优雅温馨的教室构成了隐性课程，潜移默化地影响着学生的发展。在物质文化的打造中，可以从这些方面着手。

一、墙面文化

苏霍姆林斯基说，"让每一面墙壁都会说话"，本意是要充分地利用环境的育人功能，营造良好的教育氛围。但因此也有人把墙壁变成喋喋不休的"话痨"，这是很遗憾的。教室是学习的地方，墙壁"说话"太多，会干扰学生的精力，墙面文化要主题鲜明、格调清新。以致远班为例，谈谈我的墙面文化布置。

"让世界因我而美丽。"围绕主题"美"一线串珠，分出四个区域：（1）美之标：教室正中，挂着班级Logo。（2）美之规：黑板左上侧，张贴课程表、时间表、值日表、积分表、班级公约。（3）美之星：黑板左侧，张贴"进步之星""攻擂之星""领军人物"的照片，用榜样的力量激发成长。（4）美之秀：教室外墙，是我们两周更换一次主题的手抄报。比如"浠水行""中学生用手机利弊谈""走进小石榴的《奶奶家》"等，以及我们的班报《致远晨报》和《作文之星》。一张张报纸闪耀着孩子们智慧的灵光，见证着孩子们的成长。

二、课桌文化

桌面书本的摆放要少而精且整齐有序。我们会不定期检查抽屉，评选"整洁之星"。更高层面的活动是要求学生给自己的书桌取名，我说："读书人要有读书的风雅，哪个读书人不重视名字的作用呢？大到住处，小到用具，无一不注重名头，以寄寓志趣，如《红楼梦》里林黛玉的'潇湘馆'、薛宝钗的'蘅芜院'、贾宝玉的'怡红院'、贾探春的'秋爽斋'，连薛宝钗吃的药都有个名字叫'冷香丸'呢。课桌与我们朝夕相处，不仅是我们学习的场所，也是我们的心灵栖息地，给课桌取个名字吧！"于是就有了"静慧轩""弘毅厅""淑芳斋"等好名字，每一个名字背后，都是孩子们志趣和文化积淀的体现。我让孩子们把课桌名字写在优点卡上，然后粘贴在课桌右上角。

三、黑板文化

我们教室有三个黑板。主黑板，左侧用透明胶条分出一个独立区域，写课程表；右侧用同样的方法分出长条区域，写值日班长的名字和每日格言。后黑板，按照德育处和团委的要求，分成不同主题办板报。小黑板，写各小组的积分情况。

四、讲台文化

讲台要求无粉尘、无杂物、无喧哗，保持足够的神圣。站在讲台上，教师要精神饱满，谈吐高雅。坐在讲台下，学生要心怀敬畏，求知若渴。讲台上下，相融相亲，能量流通，灵魂对接，营造美好的教育场域。

五、门窗文化

门以净为美：随手关门，小手轻轻，体现修养。窗以亮为美：窗明几净，直视无碍，入室通风，身心舒泰。将门窗文化从物质层面推及精神层面，要

"风声雨声声声入耳,家事国事天下事事事关心",要"仰望天空,脚踏实地"。

六、班徽

班徽,又称班级 Logo,是最直观的班级标志,是班级核心价值的体现,亦是班主任带班理念的体现。班徽最好由班主任引导学生去发现、设计、认同、完善,用这一过程去激发学生的独特想法,对于培养他们的创新能力具有积极的意义。

图 1　致远班 Logo　　　　图 2　绿色森林班 Logo

班级 Logo 都是我带着学生自己设计的。如何引导学生设计 Logo 呢?

班会课上,我告诉学生们,设计班级 Logo 一点都不难,有几个秘诀:

秘诀一:了解 Logo 的基本特征。

实用性:Logo 是一种以形表意的语言,直观性要强,要让人看了一目了然。

艺术性:要有审美价值,色彩醒目,线条流畅。

持久性:Logo 有长期使用的价值,一旦采用,不轻易改动。

秘诀二:结合班名设计,"致远班"的班徽应该体现出"致远"的意思,"绿色森林班"的班徽里应该有森林的简笔画。

秘诀三:可以把班训写到 Logo 上,起到凝聚人心的作用。

秘诀四:如果打不开思路,可以到网上搜索优秀的 Logo 图片,比如北京大学、清华大学、樊登读书等优秀 Logo 作品以及设计意图，有助于启迪智慧。

我还告诉大家，Logo 一经采用，将长期使用，不轻易改动！

最后一个要求：上交的作品既要有图标设计，又要有文字解说。

经过评选，许凯熙同学的作品入选，大家融合其他同学的有效元素，做出人人认同的 Logo。

下一步是把作品制作成电子图片，因为电子图片具有快速检索、恒久保存、复制分发的优势，这是手工画图无法比拟的。电子图片由家委协助联系广告公司定制。

最后，一个画风清新、美观、含义深远的 Logo 诞生了！

这样的教室，清新、简洁、温馨，有爱的氛围，有生命的气息，有文化的滋养。有一盆盆的绿植，青翠欲滴；有一本本图书，整整齐齐……起初的教室是一样的，我们赋予了它不一样的内涵，形成了独特的教育场，给孩子一种无形的隐性教育。这不仅仅能调动和激发学生的学习潜能，还能培养学生热爱集体、热爱生活的朴素情感，有利于他们树立远大抱负。

周春梅老师说过一句充满诗意的话："光能照过来，风能吹过来，我有一间辽阔的教室。"这就是我要努力创建的教室。

制度文化，让"水"优美地流成河

制度文化，是以班级组织和制度为主要内容的文化形态。通过制度的规范，引导学生习得公民素质，如水因为岸的约束，优美地流成河。

在班级制度文化中，首要解决的问题是班规。一个班级能否成为优秀的班集体，靠的不是一两次令人惊艳的活动，活动只是在班级常规的土壤上开出的花朵。抓好班级常规，才能从根本上促使优良班风的形成。班级常规管理的终极目标是要在日复一日的重复中，让学生养成终身受益的好习惯。

一、思考：班规为什么失灵

班规，是约束行为的规则，可以让优秀有章可循。然而很多时候，班规却执行不下去，为什么呢？据观察，通常有如下原因：

（1）班规只代表老师个人的想法，学生缺少认同。

（2）班规内容空泛，可操作性不强。

（3）班规过分细化，充满了控制和制裁，让学生处在一种动辄得咎的境地。

（4）班规制定之后，在班里一念，就挂在了墙上，此后没有得到强化。

还有一些老师带班不要班规。不要班规，虽有弹性，但太随性。毕竟人治不科学，需要让规矩看守世界。

二、制定班规

我会在开学第二周的主题班会上，和学生们一起挖掘班级存在的问题，然后直面问题，商量对策。在班会上，我拿出全美最佳教师罗恩·克拉克的《55条班规》，给每个小组印发一份以参考。然后，根据我们的班情，从卫生、学习、纪律几个方面草拟班规。最后经过讨论、修改，制定出大家都认可的班规。

绿色森林班 36 条班规

宁静、上进、坚持、卓越，是绿色森林班的追求。为此，我们群策群力制定出人人都认同的班规，我们一起遵守，让优秀变得有章可循。

卫生常规

1. 要让教室成为我们恋恋不舍的地方。教室一日三扫：中午、体锻、晚自习后。体锻大扫，先扫地，次拖地，后摆桌椅，扫帚、灰斗放整齐，十分钟搞定。组员一起干，不可一人提前离开。组长检查完毕，人走灯熄。

2. 黑板是脸面，脸面要干净。黑板擦三遍，第一遍用湿抹布，第二遍用干抹布，第三遍用手擦。一下课就擦黑板，保证每一节课的黑板都光洁如新。如果值日生忘记擦，负责人要擦，但要让值日生做一件好事。晚上把抹布洗净晾到角落，以备第二天使用。合格标准：用手擦拭无污渍，黑板槽内无粉尘。

3. 卫生不只在于打扫，还在于保持清新有序的环境，有利于建立内心的秩序。每个同学都有责任保持周围地面的清洁，不要只指望值日生，不给他人添麻烦。

4. 垃圾篓一日两清：课间餐后，晚自习后。

5. 桌椅是我们无声的伙伴：打扫教室前椅子挪上桌，走进教室后椅子挪下桌，如果同桌不在，帮他挪下椅子。人走桌面净，椅子推到桌子下。

6. 养成良好的用餐礼仪，是你未来进入社会后成功的前提。吃点心前，先洗手，坐在座位上，安静等待发放。每人一份，不多拿。吃完，厨余垃圾扔入垃圾篓内。点心若剩余，放到老师办公室，不浪费。

7. 没有时间喝水的人一定会有时间生病的：许多慢性疾病的病因仅仅是身体缺水，如果等到口渴再喝水就已经迟了。下课就去喝水，水杯洗干净，放在杯架上。

8.书包有序放在室外长凳上,周一上午带回宿舍。

9.卫生合格标准:地面无纸屑、无笔屑、无痰迹。墙壁无手印、无鞋印、无贴画。桌椅横成排、竖成列、无刻画、无损坏。玻璃洁净明亮无灰尘,离开教室关门窗。

学习常规

课前常规

10.成才先成人,走进教室要记牢:守时不迟到,守静不浮躁,守信不取巧。

11.时间是一条金河,莫让它从身边悄悄流过。饭后进班需尽量早,最迟早7:40、午1:40、晚6:20进班,晚于规定的时间视为迟到。

12.课前桌椅摆放整齐,教学设备开启,黑板擦拭干净。

13.听到预备铃响,立即安静进入教室,班长站在讲台上,带领大家齐声诵读,等候老师。

14.读书姿势要端正:双手拿书,双脚平放。读书要声音洪亮,字字响亮,振奋人心。

15.课桌左上角"三有":有课本、练习本、笔。不放杂物免干扰。

16.老师喊"上课",班长发令"起立",学生问好鞠躬,听到"请坐"再坐下。

17.语文课迟到不必喊"报告",心领神会回座位。

上课常规

18.端正姿势不仅让你成为一个优雅的人,还让你听课效率大增。听课时,昂首挺胸,脚踏实地,认真记录。做到:不松垮,不插嘴,不做与课堂无关的事,不看与课堂无关的书。

19.善于倾听不仅是一种修养,还是一种能力。回答问题要举手,提问之前要思考。他人回答要倾听,他人错误不取笑。老师批评不辩解,老师讲课仔细听,不给他人添麻烦。

20.举手发言,有助于优化思维;清晰表达,有助于提升信心。想要发言举左手,得到允许跨半步出列。

21. 不做课堂上的隐形人，课上要大胆表达自己的意见。

22. 秩序感可以保证你的时间和精力。背书、交作业要有序、安静地排队。

23. 室外上课快静齐，准时到达功能室，下课铃响回到教室。不迟到，不早退，不旷课，不能上课要请假。

下课常规

24. 老师示意下课，班长发出口令，师生问好，老师出教室，学生方可离开座位。

25. 有老师听课，课前要备好椅子，下课要说"老师再见"。老师走后，方可离开座位。

26. 充分休息有利健康，课后可到室外活动，但课前一分钟要准备好下节课的学习用品。

27. 音量体现你的修养。无论是室内室外，都要注意控制分贝。两人说话，尽量不打扰到第三人。

作业常规

28. 统一在各种资料封面右下角贴姓名贴，写清班名、姓名和学号。

29. 增长智慧从敬惜字纸开始。一册在手，做到不画、不折、不卷。

30. 好好书写，磨练心性。作业统一用圆珠笔书写，字迹要不大不小不歪，字间距要适中。

31. 错题要订正，规格要统一。尽可能保留错误痕迹，以便反思。

纪律常规

32. 好习惯成就好人生。入室即静，静能生慧，落座即读。

33. 无声自习，把自己调成静音模式。

34. 外出集会要排队。踩踏事件很可怕，上下楼梯靠右行。不推搡，不打闹，不故意吸引他人注意。

35. 生命安全最重要，不攀爬围墙、门窗、围栏、树木。

36. 察觉到任何地方有不安全因素都要及时报告老师。

我们的班规有如下特点：

（1）集体参与制定，有群众基础，哪有孩子不认同自己的精神产品的呢？"栽花效应"一直在发挥着作用。

（2）内容适可而止，不求全责备。

（3）注入了人文关怀的元素，用词多用柔软的提醒，注重培养孩子们的文化自觉。既告诉孩子们哪些不能做，也让孩子们知道为什么不能做。

因此，班规一直发挥着作用。

三、学习班规

（1）制定之后，每人打印一份，天天早上读一遍，持续读两星期。

（2）周末让学生拿回家工整抄写一遍，加深印象。

（3）隔一段时间，班主任在班里提提班规，用一两分钟时间进行班规知识竞答。

四、执行班规

有人说，班规越清晰，可操作性越强，也就是便于规范和惩罚。但我感受到的却不同，我看过一些标准严格伴随着相应惩罚措施如法律条文似的班规，也见过搞得跟麦当劳上千页的操作手册似的班规，每一条都事无巨细，非常繁琐。对于这样的班规，我常常感到诧异，到底谁能记得住呢？又如何执行呢？

让班规看管教室，重在引导。平日用班规引导学生形成"无须提醒的自觉，以约束为前提的自由"，把制度演变成一种人人认同的文化心理。有违反班规者，温馨提醒，人文关怀。

比如卫生好不好以什么标准判断呢？有些时候，值日生搞得很好，但有些同学保持不好啊。一旦惩罚，学生必定要推诿，老师还要断案，麻烦不说，还引导了一种互相推诿的风气。如果在热天，我会以游戏的态度请同学们坐下读书，向前向后向左向右各平移一个单位，那些地面保持干净的同学就会非常开心地坐下，而那些卫生保持不好的同学就会笑着赶紧把卫生搞好再坐。我是在惩罚吗？仿佛是，但同学们都很愉快，大家都挺喜欢这种检验方式的。

比如小蔡同学在课本上乱涂乱画，我让他把第29条班规抄写三遍，抄完找我背诵。我拿起他的抄写，表扬他字迹工整了，鼓励他对知识保持敬畏，并把自己多余的语文课本送给他，要求期末完好还给我。他又羞愧又感激，抱着书本欢天喜地。期末还书，我再次表扬他用书进步。此后他的课本、作业本保持得比以前大有进步。

再看我们对早读的引领，也是如此。

早读课上，总有学生不认真读书，违反第14条班规："读书姿势要端正：双手拿书，双脚平放。读书要声音洪亮，字字响亮，振奋人心。"我尝试过很多方法带动他们，比如安排领读员带头，安排督导员记录积分，收效都不太好。后来我就采取"记名+积分"的形式驱动，谁坐姿端正、读书认真、口齿清楚，谁榜上有名。这种方式果真有效，几乎是"表扬一个，带动一片"，大家都不愿意当南郭先生，都想让自己的努力被看见，越读越来劲儿。过了一段时间，我发现这样还有吃大锅饭的嫌疑，因为有的孩子来得早，有的孩子来得晚，有进班就进入学习状态有始有终的，有读了一会儿就后继乏力的，有的不但读得好，坐姿还很端正，如果一刀切放在一起，并不能充分地"奖勤罚懒"，怎么办？我动了动脑筋，在黑板上这样写榜单：

1. 睿捷、杨洋、艺波
2. 凯熙、静琪、欣蔓、淳义、思琪、新羽
3. 哲铭、泽堃、羿婵、凯煊
4. 嘉妙、芷乔、峻宇、子墨、骐羽、致恩

每行的人数是不一样的，我并不追求整齐之美，而是另有用意。第一排是进教室最早，最快进入读书状态的孩子，余者以此类推。每一排都有序号，加分的时候，第一排的最多，二排次之，以此类推。而且，写上的名字还可能被擦掉，这就保证了孩子们读书必须有始有终。就用了这么一个微创意，读书风貌大不相同。后来，我把这个方法迁移到自习课纪律的维持上，

效果一样好。为什么这样执行班规有效呢？因为这样的策略激发了学生的内驱力，重在正面管教。

不要动辄挥舞着班规的大棒去打孩子，这是我特别想提醒的。

通过班规引导学生走上自主管理之路，这样的自主管理不仅在于学生管理学生，更重要的是学生自己管理自己。正如教育家斯宾塞说过的："记住你的管教目的，应该是养成一个能够自我管理的人，而不是一个要他人来管理的人。"

精神文化，似春风著物物不知

精神文化，是以群体的价值取向为主要内容的班级文化形态，它是班级文化的核心，相当于一个人的气质，是一种流动的气韵，大象无形，又"如水中盐、蜜中花，体匿性存，无痕有味"。但是，"体"，即抓手，还是要有的。打造班级精神文化，可以从这些方面入手。

一、班名

班名，是一种教育理念的体现，是一种积极精神的召唤，是要跟随孩子一辈子的记忆。一个班级如果只用一个数字表示，是没有个性、没有温度、没有意蕴的。

那么，怎么取班名呢？可以用动植物命名，比如战狼班、小荷班；可以用人名命名，同时可以体现地域色彩，比如南阳人可以取孔明班、张衡班、仲景班、光武班、范蠡班等；还可以用名言取名，比如我带过"鸿鹄班"，取自"弃燕雀之小志，慕鸿鹄之高翔"，还带过"致远班"，取自"宁静致远""最是书香能致远"。无论哪一种，班名一定要寓意积极。学生在班名的暗示下，一步步地找到他们的觉知，去践行，去抵达。

请看这两组班名：

第一组："进步班""团结班""拼搏班""天天向上班"……

第二组："大雁班""后浪班""彩虹班""绿色森林班"……

这些班名都是我带的班级学生提供的竞标班名，区别在哪里呢？第一组是正能量的形容词，第二组是意象鲜名的名词。最终，多数同学都会偏向选择第二组，因为第二组班名能启迪人联想，比如"绿色森林班"就能让人想到希望、生机、神秘、创造、多彩多姿，想到"好的教育是森林的样子，是不同生命个体自主生长又相互依存的赋能环境"。经过取名、选名、定名的过程，孩子们对班级文化的理解也在加深。

二、班训

班训是对学生言行的规劝。班训不可以"被安排"给学生，这样触及不了学生的灵魂。怎么拟定班训呢？看我带绿色森林班的记录吧！

班会课上，我给学生们讲了任正非给母校定校训的故事。然后说："班训重要吧？北大、清华、南开……任何一所名校都有校训。那我们班级呢，也需要班训。请每个同学用三个词语，表达你最渴望拥有的品质吧！"

学生写下的无外乎这些词语：文明、安静、团结、友爱、认真、上进、创新等。我带着学生一起筛选，从中选出了宁静、上进、坚持、创新这四个词语，并在"创新"旁边写上"卓越"加以对比，一一把这些词语的意义解读给学生听。

宁静——宁静致远，静能生慧，小声说话也是一种修养。

上进——上进是宁静中的蓬勃生机，不要在该拼搏的时候选择了安逸。

坚持——这个词语是吕俊霖同学提出的，他说得很有道理：做事贵在坚持，不忘初心，方得始终。

卓越——"卓越"是我添加的，是"创新"的升级版，是我们的目标，我们要有敢为天下先的勇气，敢于创新，大胆尝试，不走寻常路。

最后，这几个词语就成了我们的班训，并在班级Logo上有所体现。

三、班歌

厦门英才学校的校歌《桃李芬芳》由乔羽作词、谷建芬作曲，在学校广为传唱，学生特别有自豪感。那我们的班歌呢？没有豪华的创作团队，也挡不住我们发光啊！我们找到了《蓝精灵》的歌词，大家集体创作出班歌《绿森林之歌》。

在那山的那边 / 海的那边 / 有一群小精灵 / 他们宁静又上进 / 他们坚持要卓越 / 他们自由自在生活在那 / 绿色的森林班 / 他们团结友爱 / 相互都关心 / 哦，可爱的小精灵，哦，可爱的小精灵 / 他们热爱老师热爱学习 / 成了最好的自己 / 他们唱歌跳舞 / 快乐多欢喜

我们还融合桌子舞和杯子舞的形式，在"责任在心，担当在行"的主题升旗仪式上展出了我们的班歌，我们的主题升旗仪式办得不错，孩子们的展示很出彩，他们自豪了很长时间。

四、班级图腾

已经有了班级 Logo，还需要班级图腾吗？要！图腾是一种信仰，它是集团成员共同的语言密码，可以把集团成员凝聚成一个整体。我安排学生以组为单位各推荐一个图腾，并写出推荐理由。小组展示如下。

1. 明伦组：竹子

起初四年，竹子每年只能长几厘米。第五年，却能以每天 30 厘米的速度疯长，只用六周时间就长到了 15 米。原来，它起初只是在地下努力，根系达几公里远。有时，你貌似没有成长，却是在扎根！

2. 晶晶组：蝉

《昆虫记》里法布尔这样赞美蝉："四年黑暗中的苦工，一个月阳光下的享乐。掘土四年，才能够穿起漂亮的衣服，长起可与飞鸟匹敌的翅膀，沐浴在温暖的阳光中。"忍受煎熬，耐得住寂寞，坚持，坚持，再坚持，直到最后，不鸣则已，一鸣惊人。

3. 佳璐组：骆驼

尼采以骆驼、狮子、婴儿三种生物，来譬喻人类精神的变化，骆驼象征积累和承受，狮子象征打破的力量，婴儿代表创造新的价值。我们此阶段应该像骆驼一样积累和承受。

4. 自信组：荷花

马云讲，一个池塘里的荷花，每一天都会以前一天的两倍数量在开放，到第 30 天，荷花就开满了整个池塘。马云问：在第几天池塘中的荷花开了一半？第 15 天？错！是第 29 天！荷花定律告诉我们要厚积薄发，关键时刻的坚持非常重要。

5. 奕嘉组：战狼

最早提出"狼性文化"这一理念的就是华为总裁任正非。他认为，华为靠的是狼一样野性、不服输的拼搏精神，才一路走到了今天。他总结出狼的五大优点：优胜劣汰，专注目标，善于沟通，善于合作，头狼效应。这样的优点在吴京的《战狼》、姜戎的《狼图腾》、沈石溪的《狼王梦》、邓一光的《狼行成双》等作品中得到强化。

各小组代表拿着自己的讲稿上台竞选，个个舌灿莲花志在必得。我说："前四组的图腾说的是同一个问题，就是如何实现从 0 到 1 的突破，我给你们一个原理上的支持啊，这叫幂律法则，讲的是如何突破阈值的问题。"我个人是比较喜爱荷花的，学生在表达时，我补充道："我的一位朋友爱荷花爱得如痴如醉，画荷花画得栩栩如生。他说，荷花在泥不染，如在世不污；荷花开放，如自性开悟；荷花成熟，蓬归空界，子落福田，是大圆满。荷花吧。荷花的意蕴更丰富一些！"可是，我的意见没通过。最后，战狼以压倒性的优势获胜，作为班级图腾印在了我们的班服上。

五、生日文化

在农村教学时，我的学生的父母多数在南方打工，孩子们过生日时一脸落寞的样子，揪住了我的心。于是，我启动了把每周过生日的同学集中在一块办派对的制度。利用晨会，我制作 PPT，向孩子介绍母亲十月怀胎、分娩、抚育过程的种种不易。等集体生日那天早上，我会给孩子们煮一个鸡蛋，我们全体师生聚集在一起唱歌、送贺卡、送鲜花，配乐朗诵林徽因的《人间四月天》、王蒙的《青春万岁》和汪国真的《祝愿——致友人生日》。我还给过生日的孩子写信，联系孩子的父母给孩子打电话、写信，作为惊喜和纪念。回想起来，当时，田野的风静静穿过教室，窗外水杉叶片作笺，晨曦为笔，尽情泼墨的感觉，既让人怀念又让人怅惘啊！后来，我由乡村到城市、由中原到沿海，随着学校管理的日益精细化，我能自主支配的时间却越来越少了。还好到厦门后，学校有一月一次集体生日的制度，由学校统一购置蛋糕，本月过生日的孩子们都带上生日桂冠，所有孩子都有节目，大家载歌载舞，非常开心。

六、使命、愿景和价值观

使命是团队承担并努力实现的责任，回答了"要实现什么"的问题。迪士尼的使命是"让世界快乐起来"，阿里的使命是"让天下没有难做的生意"，樊登读书的使命是"带领三亿国人读书"。一个班集体要有特色，也要思考自己的使命。带致远班时，我正在读寂静法师的能量诵读"让世界因我而美丽"，这句话也成了我的带班使命，引导一种"我为人人，人人为我"的班级人际氛围。我们开班会，都是围绕这个从不同的角度反复强化。

愿景是对未来的设想和展望，是团队为之奋斗且希望达到的图景。愿景是有阶段性的，它为人们提供了一个清晰的未来图景，告诉团队教师和学生，班级将要走向哪里。

致远班是我带过的一个基础比较薄弱的班级，第一次月考几乎门门倒数第一。虽然开学之初我们共同畅想了不同阶段的愿景，但是，要知道，最初的愿景是带有理想化色彩的。经过了月考的洗礼，我们再次开班会，在分析班情之后，我们有了"贴地飞翔"的成长愿景。

战略规划：不求凤头开局，力求猪肚发展，豹尾收官。

三年愿景：扭亏为盈，目标前三。中考成绩在阶段名列前茅，为学校的发展作出自己的一份贡献，家长、学生对班级、对学校有较高的美誉度。

年度愿景：有一两门学科考到年段第一，成为激活团队自豪感的品牌学科，我们要靠着这团火取暖。有鲜明响亮的得到认同的班级文化品牌，有令人信服的班级管理成效。

月度愿景：激活团队成员的成长内驱力，任课老师逐步树立管理意识，班干部能主动、有创造性地工作，成为班主任的臂膀。学生的集体荣誉感强。

带致远班到八年级时，我再次引导学生畅想未来：七年级，漫长黑暗的沉潜；八年级，东方欲晓的曙光；九年级，灿烂夺目的绽放。

这是师生在成长中逐渐形成的班级愿景。这些愿景实现了吗？我可以自豪地说，全实现了。八年级结束，我辞职去了厦门，这个班的学生被打乱分到不同的班级，但是，班魂仍在。最后，致远班学生的中考成绩达到了预期。

价值观，通俗地讲就是你认为什么是有价值的，它回答了班级价值导向的问题。如何打造共同的价值观呢？在班会课上，我引导学生每人写3～5个成长关键词，汇总后发现这些词语是高频词：理想、毅力、坚持、拼搏、沉潜、友爱、高效、惜时、适应、细节、抱团、教养、态度、幸福、追求、养成、逆袭、执行力、存在感、知行合一等。此后，通过课前三分钟演讲和微班会，引导学生多角度解读，明辨是非，树立共同的价值观。

七、形象文化

文化更多的是通过人来呈现的。走进一个班级，师生所展现出来的气质就代表了班级文化。所以要外树形象，内塑精神。教师要引导学生由表及里，知行合一，做优雅的"致远学子"（根据班名可换为"启航学子""鸿鹄学子"等）。要求走进这间教室里的学生内外兼修：

外在美：穿校服，正衣冠，系拉锁；站如松，坐如钟，行如风。

内在美：心中有爱，眼中有光。精神饱满，谈吐文明。积极上进，团结友爱。

一个班级的内在文化精神，与班主任本人的个性爱好也是紧密相关的。根据自己的个性特长，打造鲜明的管班特色，这才顺手。我的性格感性多于理性，我不擅长量化考评，太繁琐的"锱铢必较"我不喜欢，而且我也不希望学生成天处于一种动辄得咎的樊笼里。其实想一想，每个班主任都有长处有短处，不要在短处上坚持，努力寻找适合自己的方法，人人都能专业自信。

  建设班级文化，实际上就是帮助学生进行精神的成长。成长到什么程度才算达标？用梁晓声的话说，是"植根于内心的修养，无须提醒的自觉，以约束为前提的自由，为他人着想的善良"。我们须努力！

绿植怡人，"我们站着不说话，就十分美好"

教室里摆上绿植，安排同学管理，似乎称不上文化；赋予绿植内涵，借此塑造学生的品格，才称得上文化。解读文化，内化于心，外化于行，从一个个小盆栽里解读出师生独特的审美体验，才实现了绿植的文化意义。

我带的班级都有绿植，绿萝、君子兰、水仙、文竹、蔷薇、虎皮兰等。我会让孩子们上网查百科，明白这些绿植的科目、习性、花期、品类、栽培历史、医用价值，尤其是花语，那是绿植的灵魂。我常常带着学生发掘它的内涵，开发教育资源。

围绕绿植，我们做了哪些事情呢？

第一，养。安排学生负责每一盆绿植，观察绿植的生长，贴上姓名签，看谁的花养得最好，谁的责任心最强。

第二，读。我带着学生共读丁立梅的《风会记得每一朵花的香》《有美一朵，向晚生香》等写花的图书，打通人与花的联结，引导学生发现生活中细小的美丽。

第三，赏。我的朋友南阳知名画家张红杰老师热爱荷花，爱到晚上睡到荷塘边，他笔下的荷花可以说是千姿百态，美得似乎呼吸间都能闻得到。除了荷，他还擅长画各种花、各种树、各种果、各种风景。有朋友把张老师的作品制作成精美的视频，我也写过文章《苦练内功40年，他把荷花画活了》，还上过专题课程："观荷·赏荷·悟荷"，引导学生感悟生命之美。

第四，行。走出教室去看。春天，让学生走进大自然去看花。我和教数学的景老师、教英语的王老师也带着部分学生到当地的"豫花园"，去看桃花、梨花、樱桃花。随着学校课程的开展，我们走进大自然，开设了"月季行""清水行""张仲景医药行"等课程。在"月季行"的行走课程上，学校组织学生去到万亩月季园,领略蔷薇科家族的多彩多姿。姹紫嫣红、一望无际,我第一次看到了蔷薇花的力量:给我阳光,我就灿烂!尤其是在读了小石榴的《奶奶家》后,孩子们被小石榴笔下的郑州城打动,我们的班级也启动了"大美南阳"的行走课程,走进槐香湾、白河、淯阳桥、独山森林公园,收集、整理、观察、品味南阳生活。我们的课程始于绿植,终于热爱大自然、热爱生命、热爱家乡、热爱富有人间烟火气的百姓生活,内容极大地丰富了。

第五,找。张晓风说,是中国人,就从心里想要一座山。孔子需要一座泰山,让他发现天下之小;李白需要一座敬亭山,让他在云飞鸟尽之际有"相看两不厌"的对象;辛弃疾需要一座青山,让他感到自己跟山相像的"情与貌"。一般人是没有这等气魄的,但比作花或树却可以。网传有一篇假托余秋雨之名所作的文章,有这样的句子:"生命,是一树花开,或安静或热烈,或寂寞或璀璨。"文章虽不是余秋雨的,意蕴却真不错。《红楼梦》里就有一个章节,女孩儿们用一种花占卜自己的存活方式。宝钗是牡丹,探春是杏花,黛玉是芙蓉……此后的运势大抵如此。——你呢? 寻找你生命中的花或树,赋予积极的寓意,让它一辈子都照亮你。我写下水文,把自己比作蔷薇花,在春花里,开得晚,却自有一股蓬勃的力量;有孩子把自己比作兰花,不要总想着刷存在感,要耐得住寂寞,"不以无人而不芳";有孩子把自己比作"好的一棵树",心怀在蓝天,扎根在沃土……这样的一次分享,让学生有了做"灵魂有香气的人"的意识和拥有"花的姿态,树的风骨"的人格追求。

第六,写。我将养花和班级的海量读写课程联系起来,进行写作教学,学生的文章写得真的非常出众,我宛如置身于百花园中,看千朵万朵压枝低,任乱花渐欲迷人眼。我也曾情不自禁地写下了《氤氲在水仙花香里的无痕教育》《蔷薇花开,我自轻盈我自香》《又到桃花开放的时节》等文,托物寓意,对孩子进行人格教育。后来,《教育时报》推介我的公众号,就呈现了那篇承载着我们班本课程的文章。洛阳一教师读到,在洛阳电视台朗诵了这篇文章,并对我们的班级文化表示欣赏,孩子们喜不自禁。

现在我以鸿鹄班学生养水仙的经历为例,展示我们班级的绿植文化。

氤氲在水仙花香里的无痕教育

我喜欢在教室里养水仙，水仙好养，一盘清水，就活得水润亮泽。前年用的小盘，三块鳞茎，开了近50朵。去年用的大盘，开了120多朵，一间教室里暗香浮动。水仙花开时，一群学生围去看。

柯："咦，咱老班养的蒜瓣开花啦！"

杨："不是蒜瓣，这是水仙！咋能没文化咧！"

国："这不就是大蒜瓣嘛！"

……

孩子们逗个没完，教室里一片笑声。

我站在一旁，微笑着看他们贫嘴，给他们布置任务：每天数数水仙开了多少朵花。

孩子们抢着干。报数：今天68朵，明天71朵，后天79朵！他们数着水仙花，欣赏着水仙成长的点点滴滴，日子很欢快地朝前走着。

在爱情课程的班会课上，我给孩子们念唐敏的《女孩子的花》："相传水仙花是由一对夫妻变化而来，丈夫名叫金盏，妻子名叫百叶……"孩子们惊奇地喊"哇"！

我一笑，接着念："百叶的花瓣有四重，两重白色的大花瓣中夹着两重黄色的短花瓣。看上去既单纯又复杂，像善于沉默的女子，半低着头，眼睛向下看着。悲也默默，喜也默默。"

女孩子不由得把坐姿调整得优雅了些。

念到最后，女孩子的花死了！死前，"每朵花都白得浮悬在空中，云朵一样停着。其中黄灿灿的花瓣，是云中的阳光。她们短暂的花期分秒流逝。"

教室里一片静默，有女孩子湿了眼眶。

我说："唐敏无比热爱女孩子的花，爱到不忍让她们生出来。水仙是多么娇嫩多么玉洁冰清啊，就像我们女孩子，是多么美好又多么需要呵护啊！——孩子们，知道水仙花的花语是什么吗？"

孩子们猜到"高洁"，而我告诉他们："还有一个——自恋！"孩子们听到后，哄堂大笑。

"可是，"我微笑道："自恋也不妨理解为自爱。我亲爱的孩子们，我希望你们懂得自爱和被爱。如水仙，只要一盘清水，就能活得美美的。"

彼时，我们正在阅读《回忆鲁迅先生》，由此发端，我们读了萧红的《呼兰河传》，看了电影《黄金时代》，也让学生上网查阅了萧红的很多文字，有她写的，也有别人写她的。萧红的文字细腻、唯美。

上汇报交流课，谈到萧红的感情，孩子们很困惑。他们热烈地争论。最后我说，萧红一生不理智的婚恋情爱和她颠沛流离的命运，或许源自她物质上和精神上的双重匮乏。一个女孩如果没有得到过真正的爱，往往就不会正确地接受别人的爱和爱别人。

我讲了我过去的一个女学生，很美，瓜子脸，肤白，眼大，睫毛长，文文静静的，像株水仙。然而，事实并非如此。

传闻，她在上高中的时候，跟一个大叔暧昧不清，被这个人强悍的妻子找到学校来羞辱。那个大叔呢？从此没有露过面！丢尽颜面的她，慌忙退学，胡乱找了一个笨人结婚了，那年，才17岁！

同学们都瞪大眼睛看着我，我问："你们怎么看待这个女生？——傻？不自爱？自取其辱？"

而就我所知，她所有的不幸都源自极度缺爱。自童年起，她的记忆里便是重男轻女的父亲酒后对母亲和她姊妹三人饱以老拳的镜头，打完了她们还要悲愤地哭天抢地："我的命咋恁不好哇！"——他认为是他受了委屈！

尽管女孩很漂亮，很懂事，却从来得不到爱。她像一个饥火烧肠嗷嗷无告的人，谁给点馊饭，就跟着谁走，然后，被生活毒打。

我说："但是，如果一个女孩在爱和尊重里长大，她就能生出主宰自己命运的勇气。她想怎么活，都是她的事儿，她会成为自己的大女主。她外表或许平凡，但内心里光芒万丈。——当然，男孩也一样。只是，女孩尤甚。"

有孩子问："那如果得不到爱呢？"

我说："那就要更爱自己。"我知道班里有一些特殊的孩子缺少关爱，缺爱的孩子不容易活成有尊严的生命。我平静地说："苗老师作为一个成年人，我分享一些自己的感受。爱的匮乏可能是无处不在的，有的人会觉得老师对你不够爱，同伴对你不够爱，很正常，这个世界不是都对我们很友好的，我们没办法改变。唯有学会自我关怀,更加爱自己。不断学习,丰富自己,强大自己,迈开步子走出狭小的世界,走出缺爱的阴影,长出自己的铠甲,放出自己的光芒。"

我静静地环视着全班:

"我亲爱的男孩子们,记住唐敏的话:世间的女子如花,需要被爱,需要被温柔包裹,被深情善待。——愿你,善待身边的每一个女孩子!"

"我亲爱的女孩子们,请记住刘瑜给女儿写的一段话:愿你有好运气,如果没有,愿你在不幸中学会慈悲;愿你被很多人爱,如果没有,愿你在寂寞中学会宽容。——苗老师祝愿你们,一生鲜嫩滋润,内心洁白无瑕,因为懂爱,活成有尊严的生命!"

这篇文章,记录了鸿鹄班教室的一个学习生活的片段,可以窥见当年绿植文化对孩子的滋养。依然记得养水仙花的那些日子,班里清气飘飘,诗意流淌,孩子们变得文明而友爱。其实,诗意了四季芬芳生活的何止是水仙?还有蔷薇、文竹等。

绿植静静地摆放在教室里,不说话,却此时无声胜有声,每一个走进教室的老师和学生仿佛都有这样的感受:"……太阳是明亮的 // 草在结它的种子 / 风在摇它的叶子 / 我们站着,不说话 / 就十分美好……"

班级日志，促进常规管理的必备宝典

一、班级日志，为什么写

班级日志是把班级文化和管理制度结合在一起的典范之作，写班级日志，对班级情况进行反馈，有利于形成常规管理。但如果你听名班主任们介绍班级管理经验，几乎听不到有关班级日志的介绍，可能大家觉得将班级日志作为抓手进行班级管理不新鲜、不高级了。其实不然，如果到一线做个调查，你会发现这个简单高效的常规管理抓手并没有被很好地利用起来，这是非常可惜的。

我带班最初也不愿意用班级日志，为什么呢？上中学的时候，遇见过几个热衷于用班级日志的班主任，都把班级日志当作"统治"班级的工具。日志记录的内容单一：某节课谁谁不守纪律，怎么不守纪律等。一旦谁上了班级日志等同上了黑名单。也写好人好事，但这个更像是一个可有可无的"添头"。班级日志的记录权又掌握在几个班干部手中，班干部又很难做到公平。而班主任，似乎喜欢"隐在深宫"，只在"早朝"时拿着"奏折"对着学生们就是一通批评挖苦。没有价值的东西是不值得我们投入时间和精力的，这些负面影响使我对班级日志产生了排斥心理。直到听了全国知名班主任秦望老师的一番话，我才意识到，原来班级日志也可以用得充满人文关怀啊！他说："班级日志，可以让所有学生都参与进来，培养学生的主人翁意识、观察生活的能力、班级建设的能力、文字表达的能力、与人沟通的能力等，是个很好的工具啊！"

二、班级日志，怎样设计

厚薄适中。我们的班级日志是用 A4 纸打印的，每天两张纸，一个月装订成一本，每本大概是 40 页。

封面雅致。左上角是一张图片，图片上有一只正在书写的鹅毛笔，写出的是黑体字"班级日志"四个字。主体部分是班级 Logo，Logo 下面是优美的手写体的"让世界因你而美丽"几个大字，又醒目又雅致。最下方写"班级：绿色森林班"，另起一行写"年月日"。整个封面格调高雅，富有设计感，给人以积极的暗示。

内容温情。首行是年月日、值日班长、得分。主体部分设计了"一日掠影""身边的感动""一日之星""班级趣事""啄木鸟""芙蓉隧道"等栏目，各个栏目各有侧重，从不同角度表现了班级生活的风貌。并对每一个栏目加了文字解说，降低了写班级日志的难度。比如，"群星灿烂"栏目的解说为："我们班的学生，聚是一团火，散是满天星！今天，你又发现了哪颗星？书写之星？劳动之星？进步之星？还是宽容之星？……让他们大放异彩吧！相信我，你最美的特质，蕴藏在你欣赏的那个人背后。当你仰慕别人的时候，其实代表你内心也有这份潜能！"这样的设计，涉及学生们生活学习的方方面面，学习活动、衣食住行、卫生安全、心理状态均可落笔，而且渗透了正向引领的主流价值观，充满人文色彩。

三、班级日志，怎么用

1.动员阶段

绿色森林班班级日志的记录从开学第一天就开始了，首先我要做的是动员工作。

我进班带了两本班级日志。一本是上一届启航班的日志，一本是新印刷的空白日志。我翻开启航班的日志，挑最精彩的内容念，上一届的生活场景历历在目，孩子们可期待了。

我趁热打铁地激励他们：

"想不想也写出这样好的文字？"

"想不想每个人都有当家作主的权利？"

"想不想让我们班成为最棒的班？"

这种问题的答案没得选，就是一个"想"字！孩子们吃这套！

"那老师要送你一个法宝——班级日志！"我又拿出了我写给上一届孩子的书《奔腾吧，后浪》："你看，这是苗老师写给启航班孩子们的书！苗老师的写作素材呀，都来自班级日志！今年我们从开学的第一天就开始记录，毕业时苗老师也给你们写一本书，比《奔腾吧，后浪》还要棒的书！"

那一刻，孩子们的眼睛"唰"就亮了。

"那谁第一个写呢？"我微笑着问。

杨洋举起了手，很坚定很执着。我把第一棒交给了杨洋，凭直觉，杨洋是一个很热情的孩子，我把她单独叫了出来，告诉她怎么做。

2. 起步阶段

这阶段一要选人，二要培训。选人要选那些责任心强、性格公正、书写工整的孩子。如何培训呢？个别辅导兼公开培训，培训方式就是共读"范文"，即上一届的好日志。一边念，一边赏析。有些孩子会很积极争取当值日班长，但写得却并不尽如人意。不必着急，孩子毕竟正在学步，可以在书写过程中，每过一段时间就给一些具体的指导。有的孩子我会刻意让他连续记录两天，前后两篇的观察力和表现力会有明显提升。我会借机把两次记录发在家长群里，孩子收获了一片赞美，自然喜不自胜。

3. 成熟阶段

孩子们熟悉班级日志的流程后，安排一个负责人管理班级日志。我把学号单印在日志上，让负责人按学号找到相应的学生，由他来书写班级日志，晚自习课结束后写完，交给负责人。上交后，负责人在值日班长的名字后画一个对勾。如果轮到某个学生，他因为某些原因写不了就暂时跳过去，安排下一个学生写。

一般来说日志头一天写完，第二天早上交给我，我利用早读时间公布，

"收视率"高达100%，这简直成了我们班的《新闻联播》，常常笑声、掌声响成一片。值日班长和被写到的孩子都在享受"高光时刻"。值日班长根据书写质量挣得数量不等的成长币。然后，我拍照发到家长群里，家长们很直观地了解到了孩子的在校表现。

四、班级日志，写与不写不一样

每个孩子都希望自己在同伴眼里是美好的，"同伴效应"是无形的约束力，"同伴效应"催生更多的孩子由他律变成自律。表现差的学生，老师总说他的问题，容易招致他的抵触，家长也觉得"老师是不是对我的孩子有意见"，通过伙伴们的笔写下来，发挥了"第三方效应"，缓释了家长的怀疑情绪。经过一段时间，有几个栏目比如"班级趣事""猜猜TA是谁"，成了人气最高的网红栏目。而"问题大王"栏目也随着问题大王的消失，不再开设。

班级日志的书写，有助于正确的班级舆论和良好的班风的形成。同时，为班主任及时了解情况、进行德育提供了第一手材料，也为班主任和家长交流提供了真实丰富的材料。利用班级日志，既解放了班主任，又给学生的自主成长提供了空间，加大了常规管理的步伐。而把班级培养成自组织成长的集体，正是班级管理追求的新境界。对于有书写习惯的班主任，班级日志还为教师书写班级叙事提供了第一手素材。

"双线四度"班会，让集体铿锵向前

班会课是打造文化班级的主阵地，班级文化制度的形成，班级文化的熏陶，师生心灵的共鸣，都是在这个阵地实现的。在致远班，最受欢迎的课是班会课。在长期的工作中，我摸索出一套"双线四度班会制"。

"双线"指常规班会与主题班会交叉进行的形式。

常规班会。周五下午开，一周一次，只需要20分钟左右的时间，每组组长上台述职，大家公开打分，奖勤罚懒。

主题班会。周三下午开，两周一次，解决班级存在的共性问题。比如在致远班，我们先后围绕着"愿景""责任""互助""惜时""诚信""尊师""规则""挑战"等主题开了班会。

无论是哪一种类型的班会课，都力图做到"四度"：

参与广度。做到"全民"参与，师生之间、生生之间，有互动，有观点的碰撞，以保证教学目标的完成。提升学生参与热度的一个妙招，是把班会还给学生，班主任加以引导。

文化深度。班会课要有"以文养心，以文育人"的气息，首先要赋予一个诗意的标题，例如"安全是离家最近的距离""是谁把这趟车开进了地狱""你是不是在踩着刹车前进""是谁打湿了你的梦想""花开太早是个错误"等，形式上通过诗歌朗诵、美文欣赏、小品展示等多样呈现让班会课充满文化的气息。

时代高度。要结合班级实际，联系社会热点确定一个鲜明、集中的主题展开讨论，端正思想，明确态度。在班会结束前，班主任进行总结，达成共识，提升认识。

情感温度。教育的对象是有情感的人，班主任情动，孩子们心动，日后才有行动。有温度的班会课，必然关注学生的成长需要，能切实地帮助孩子解决实际问题。

现在我以主题班会"维护正义，遵守规则"为例，谈谈"四度"的体现。

是谁把这趟车开进了地狱

【德育目标】

重庆公交坠江事件发生之后，举国震惊。为了树立学生的规则意识，培养学生勇于担当的社会责任和关注时事的时代精神，我组织了"维护正义，遵守规则"的主题班会。

【班会流程】

第一环节：回顾事件，进行铺垫

师：同学们，最近发生了震惊全国的重庆公交车坠江事件。谁能把过程简单介绍一下？

生：乘客刘某，本该在上一站下车，但由于道路维修，公交车不再经过此处，司机提醒在另一个站点下车时，她在玩手机没有下。当她发现自己坐过站时，立即要求停车。因车没有到站，公交司机不停。刘某就此开始纠缠辱骂殴打司机。司机与刘某互殴，方向盘不稳，撞击到迎面驶来的小轿车，并冲破护栏坠入长江。

第二环节：学生讨论，明确责任

师：公交坠江，后果严重。我这里仿照徐静蕾的电影作品《开往春天的地铁》的名称，把这趟车取名为"开往地狱的公交车"，讨论：是谁，把这趟车开进了地狱？

小组讨论，观点总结。

1. 肇事乘客规则意识的淡薄

乘客刘某责任最大。乘车坐过站点，不是司机的错。司机已经尽到了提醒的义务，作为一个成年人，她因玩手机误事，理应为自己的行为负责；司机不停车，也不是司机的错，司机是遵守规则的。在这次公交车坠江事件中，刘某用生命的代价为她的无视规则买单。

大屏幕显示：

让规矩看守世界，世界才有秩序。不守规矩戾气爆棚的垃圾人将无辜的人们拉入地狱，她错过了一站，却使一车人错过了后半生。

2. 公交车司机的情绪失控

作为一个受过安全教育掌握一车人性命的公交司机，边开车边和乘客对骂互殴，是缺乏职业精神之举。司机正确的做法是，克制怒火，把车停下来，或解释，或报警。

对比辨析：吴斌，杭州长运司机。2012年5月中午，吴斌在驾驶大客车行驶于高速公路时，迎面飞来的利器砸碎前窗玻璃，刺入吴斌腹部，导致肝脏破裂，吴斌仍强忍疼痛，将车停稳，并提醒车内24名乘客安全疏散，报警。随后，吴斌被送往医院抢救。次日凌晨，因伤势过重牺牲，年仅47岁。

大屏幕显示：

每个公共交通的方向盘上，都不是拴着你自己。将来我们走向职场，一定要牢记职业精神。

3. 一车人的漠然

对比辨析：在某地一男子因玩手机坐过站，要求司机停车，司机不停，男子殴打司机，并夺其方向盘。这时，一乘客飞来一脚，阻止了男子，男子灰溜溜坐下不再吭声。

师：对比这个案例，你觉得重庆公交车上的乘客缺少了什么？

整理明确：缺少了"路见不平一声吼，该出手时就出手"的侠义风范，他们做了鲁迅口诛笔伐的"麻木看客"，事不关己高高挂起，然而做看客的代价竟是生命！

大屏幕显示：

社会最大的悲哀不是坏人的嚣张，而是好人的过度沉默。

——马丁·路德·金

当他们来抓共产党人时，我没有说话，因为我不是共产党人；
当他们来抓犹太人时，我没有说话，因为我不是犹太人；

当他们来抓天主教徒时，我没有说话，因为我不是天主教徒；

后来，当他们来抓我的时候，已经没有人帮我说话了。

——马丁·尼莫勒牧师

第三环节：深度挖掘，珍爱生命

相关链接：江面和大桥的距离高达50米，公交车与江面接触的一瞬间，由于车身自重和重力加速度，瞬间爆裂，车内碎玻璃和尖锐物体乱飞。最后，公交车沉入73米深的江底，在巨大的压强下，人的肺部会被挤压爆炸，一车人生还的可能性为零。

公交车坠江后的救援难度很大，打捞历时86个小时。救援队调动了18名具有深潜能力的潜水员，同时保证医疗、机电、应急等潜水保障组，水深73米左右，相当于24层楼高度，压力是标准大气压的7.3倍，水下环境复杂，有乱石、钢结构、乱流等危险因素。水下可见范围只有1～2平方米，每次作业时间在35分钟，随时进行水下减压。稍有不慎，将有生命危险。

大屏幕显示（背景音乐《神秘园》）：

15名遇难者的背后，是多少个支离破碎的家庭？是多少颗伤痕累累的心？是多少张泪流满面的面庞？是多少个思念难熬的夜晚？当公交车被打捞起来，现场所有官兵脱帽、肃立、致哀；现场所有通行船只，鸣笛致哀。同学们，生命珍贵，生命易碎！

全体同学起立，向死者致哀。

第四环节：警钟长鸣，总结教训

其实有很多节点、很多方法，可以阻止悲剧发生。同学们有什么良策吗？

发言总结：

（1）增设隔离栏。

（2）增设协管员。

（3）保证见义勇为者无责。

（4）对罪犯加强法律震慑。

师：同学们的发言都反映出了大家对规则意识的强烈吁求。真正有效力的法律法规，既依靠强制力，也要我们对规则满怀敬畏。

第五环节：回归生活，制定契约

可能看完这场灾难后，我们都心有余悸地想：还好我没有在这辆车上！但是，我们的生活、我们的班级，难道不也是一辆行驶着的公交车吗？你又是其中的谁呢？你能遵守规则吗？你能维护正气吗？见往者，思将来。我们是不是应该让规则看管世界，看管自己？生活中，你见到过哪些不遵守规则的事情？我们该怎么做？

学生讨论，记录如下：

（1）要有规则意识。规则看似是约束，但它为秩序而存在。

（2）要学会控制情绪。情绪稳定是最大的教养，情绪激动时暂缓行动，请深呼吸三次。

（3）作为中学生，更提倡见义"智"为，要有安全意识，维护正义更要珍爱生命。

教师总结：

有人说，重庆公交车上的乘客不肯错过一站，却让所有人永远没了下一站；司机不肯忍一口气，却让所有人永远没了下一口气；众乘客不肯站出来一个，让所有人永远没了机会站起来。最后：全剧终！

同学们，我们的生活也是一辆公交车。乘车要谨记：遵守规则，维护秩序，不要让这趟公交车的悲剧在我们生活中发生！

总结这节班会课的亮点：

参与广度：全班参与，观点碰撞。

文化深度：形式上有哲理短文欣赏，有相关案例的对比分析，提高了孩子们的思维力。

时代高度：联系热点，确定主题，引发热情，明辨是非。

情感温度：关注于学生的成长需要，切实帮助孩子树立规则意识。

这样的班会课我们一直在上，清明节来临，我们盘点近期去世的名人金庸、李咏、李敖、单田芳、二月河等名人，上了"向死而生，不默而生"主题班会课；电影《老师·好》《流浪地球》《银河补习班》热映后，我们又相继开了"向完美奔去""天若有情天亦老""我们需要补习什么？"等主题班会课。这样的班会课有一种"要看银山拍天浪，开窗放入大江来"的开阔，为孩子们树立了"家事、国事、天下事，事事关心"的思想锐度。

用口号的兴奋剂激活班级斗志

团队口号，是口头呼喊的富有鼓动性的简短句子，朗朗上口的团队口号，可以极大地凝聚人心，鼓舞士气。

一、早读口号，激活新的一天

我带七（4）班的时候，班长贾梦丽总是在老师进教室之前用喊口号的方式让教室安静下来，让学生们快速进入学习状态。

到了带鸿鹄班的时候，班长胡梦娇又用心整理出这样的句子，每天早自习时领读：

> 我的生命正在怒放，一片灿烂！
> 我身体健康，充满活力！
> 我欣赏并热爱现在的自己！
> 我拥有令人满意的人际关系！
> 我健康，我阳光，我自信，我幸福！
> 我敞开胸怀，接受这个丰富的世界！
> 在这个世界上，我是独一无二的存在！
> 我爱身边的每一个人，也被他们所爱！
> 我能严格要求自己，我将更加优秀！
> 我有无限的创造力，我能创造出我想要的一切！
> 我的学习，会越来越好，越来越好，越来越好！

这些句子简短有力,朗朗上口,孩子们爱读。尤其读到"我的学习,会越来越好,越来越好,越来越好"时,从孩子们的状态上看,个个都是血脉偾张的模样。当时,校园里还一片黑暗,一群农村的孩子用青春的热情唤醒了一个又一个激情飞扬的清晨。

二、小组口号激励斗志

不但如此,我要求每一个学习小组也有自己的组名、口号,不定时进行团队风采展示。比如致远班的"腾空组":腾空腾空,目标天空;展翅飞翔,傲视群雄!"梦想组":激情似火,超越自我;放飞梦想,创造辉煌!"无敌队":东风吹,战鼓擂,无敌众将谁惧谁?!

三、小小口号规范成长

后来我领着孩子"创作"出了一系列的口号。比如走进教室,上课了,我会说"一二三——",孩子们回应"请坐端";我说"小眼睛——",孩子们回应"看老师";我说"小嘴巴——"孩子们回应"不说话"。

有孩子东张西望了,我说"端正坐姿——",孩子们回应"面向老师"。

有孩子们坐姿松垮下来,我说"昂首挺胸——",孩子们回应"脚踏实地"。

面对自习课上孩子们"闲话闲事闲思"多和不能持久安静的现状,班长喊"我们的自习是——",下面自然就跟上了——"控制三闲,有始有终;专心致志,净静敬竞!"

写作业了,有同学姿势不对,我会提示"写字时——",学生会回应"心要静,调呼吸;身坐正,脚放平!"

面对着早读磨磨蹭蹭不讲效率的现状,班长喊"读书的要求是——",学生们齐道"激情读书,字字响亮;振奋自己,感染他人!"口号一喊,读书声音马上就提高了,速度马上加快了。虽然过一会儿学生们还会慢下来,但是,慢下来,再喊。

跑操、开运动会孩子们也有口号,体育委员起头:"我们的运动是——"

孩子们喊:"热爱生命,珍视运动;同心同德,赛出风格!"

还有一些简短的口号,不长,但很有效。孩子们进班吵闹,我说"走进教室——",孩子们答"静悄悄!"

我说"高品质——",孩子还答"静悄悄!"

我道"坐端——",孩子们道"一二!"

效果好吗?我告诉你,好得不得了!这种简短有力的口令简直像童话中的魔棒,轻轻一点,所到之处,春暖花开。有的口号显得很幼稚,师生喊出来的时候都心照不宣地想笑,气氛格外融洽。有时候我们会变变花样,配上桌子舞,也就是让孩子们小手拍拍桌子,制造出点有节奏感的声音,一口气把所有的喊出来,开心极了。

重奖轻罚制度，让教育真实发生

一个班级怎么可以没有奖罚制度呢？每一种制度的有效贯彻都离不开有效而合理的奖罚。但在"以人为本"的教育理念下，"罚"似乎被遮蔽了。其实，只要"罚"中有教育元素，罚也会充满教育的温度。

一、奖励方式

1. 星光大奖

"哪一颗星里没有光？哪一朵花里没有香？"孩子们的"光"与"香"需要被看见。星光文化几乎在每一个教室里都在进行，并不新鲜。评选每周之星、月度人物、年度人物等，细分又有进步之星、攻擂之星、学科之星、高效之星、文艺之星、作文之星等，名头起得很高大上。这些"星星"放大了他们的亮点，并赋予其文化内涵。加之制作课件，放激动人心的背景音乐，颁发奖状，写颁奖词，更令学生期待。到厦门之后，学校有"英才最美星""英才特长星""英才个性星"等奖项，获奖同学还要在"万众瞩目"中穿制服、走红毯、发证书、捧奖杯，以及和校长妈妈留影，这是莫大的荣耀，也是很多孩子神往的活动。

2. 就餐大奖

老班请吃。致远班形成了一种奖励制度，即凡是进步大的孩子，由班主任带出去吃饭。费用决不用班费，我自己出钱。这饭也不白吃，每个同学讲一段餐桌文化，比如中西方餐桌文化的区别、餐桌礼仪、美食取名趣话、中国的"吃"文化等。

一次吃饭，我给孩子们讲菜名，让孩子们猜。我说"火山飘雪"，谜底揭开了，这又霸气又文艺的菜居然是"西红柿拌白糖"！我说"走在乡间的小路上"，结果这菜居然是"猪蹄子下面撒香菜"！我又说到我写的一篇文章《怀念一道家乡菜：猪肉末炖粉条》，猪肉末炖粉条的"艺名"叫"蚂蚁上树"。我又讲杜甫用一根大葱两个鸡蛋做成四道菜居然是一首七言绝句："两个黄鹂鸣翠柳，一行白鹭上青天。窗含西岭千秋雪，门泊东吴万里船。"孩子们笑翻了，感叹标题党都入侵到饮食界了！我告诉他们菜名也体现着创作者的智慧和修养，这就是文化。后来，就有孩子对那富有文化气息的菜名产生了兴趣。——文化就是这么柔软，又是这么有力量！文化像茶，徐徐地散开优雅的清香，让它氤氲入怀。

校长请吃。厦门英才学校有一个"和校长妈妈共进烛光晚餐"的传统，"校长妈妈"吕云萍是学生眼中"会发光的人"。这样的做法是有依据的，德国一所小学对1990年后本校毕业的300名学生进行了长达15年的"成长追踪"，发现了一个非常有趣的现象：那些走上工作岗位得到重用的68人中，有过半的人曾跟校长共进过晚餐。跟校长共进晚餐与日后成才有什么关系呢？探究背后的原因不难理解：校长是学校的最高管理者，对学生来讲，校长意味着"明亮那方"。"向着明亮那方"有利于形成这样的链条：靠近光，追随光，成为光，散发光！所以到厦门之后，我在制度文化的建设上又加上了校本色彩：表现好的同学，推荐去与校长妈妈共进烛光晚餐！届时，整齐的餐桌，温暖的灯光，抒情的音乐，可口的美食，精美的PPT，孩子们和校长边吃边谈，谈理想、谈学习、谈学校、谈饮食、谈住宿、谈困惑……有的孩子食物舍不得吃完，他要留一部分带回去，让小伙伴们羡慕他！与校长妈妈共进烛光晚餐，创设了仪式感极强的荣誉，一份在乎，一份尊重，化作一股力量，去唤醒、去激励生命的成长。

3. 时间大奖

人的幸福感从哪里来？从掌控感来。如果孩子们完成了任务，最偷懒也是最讨巧的奖励方式是给时间：你的时间是你的，你自己支配，可以阅读，可以涂画，可以自己跟自己玩，可以在不打扰他人的情况下自由活动，甚至，鸿鹄班的孩子完成背诵任务后，还可以走出教室到操场跑步。——信不信，孩子们非常珍惜这个"不动声色"的奖励？这种奖励让孩子们由"时间的穷人"变成了"时间的富翁"，回归了自我，学着与自己相处，学着支配自己。信不信，还有学生支配这笔"飞来横财"的方式是快马加鞭地学习？真的，因为能赢得时间奖励的孩子一般是学习高效的孩子，他们很看重时间的价值，会很快从"被安排"变成"能掌控"，从"要我学"变成"我要学"。

其他奖励还有很多，比如，常规的有"成长币"或"晓卡"积分制，集到一定的数额可兑换奖品；有突出立功行为可颁发"免死金牌"奖，有微过可免责；每周作业得到"优秀"，集够五次可免周末作业一次；当天表现好，可留出十分钟时间做游戏等。这些奖励从不同程度上激励了孩子，同时我坚持这样的原则：奖励态度兼顾结果，奖励出口一诺千金，精神鼓励为主，物质享受为辅。

二、惩罚方案

班主任既要有"低眉菩萨"的一面，也当有"怒目金刚"的一面。当学生犯了错误，不惩罚怎么可能呢？惩罚也是有方法的，既不体罚也不心罚，既不冷暴力也不热暴力，要让学生接受惩罚心服口服，起到教育的目的。我通常的惩罚是这样的：

1. 温柔版惩罚

深蹲，10个到100个不等。适用于孩子的无心之过或已经认识到问题但暂且改不掉的问题。比如小王同学习惯性说出不文明的口头禅，他自己也很苦恼，但一时又很难改正，老师便不做批评，伸两个手指头，他就欣然接受深蹲20个的惩罚。

2. 一般性惩罚

打扫卫生。一说罚扫卫生，就有老师反对，这样把美好的劳动变成了惩罚，是错误的。其实不然，关键看你怎么解读这种教育行为，如何赋予扫地以积极意义。阅读过键山秀三郎的《扫除道》之后，我更坚信通过清洁地板门窗，能引导学生欣赏这些小而美的事物，培养出丰富的感觉。有一个孩子因为一点不快，情绪突然失控。我拉着他的手走出教室，认同并安抚了他的情绪后，要求他放学后把教室里的地清扫一遍，扫完向我汇报工作。放学前，教室里已经打扫得光洁如新，我给了他认同：你有责任心，有始有终地完成了任务；你有时间管理意识，能在 10 分钟完成任务；你做事讲方法，第一步，你着眼整个教室，用扫帚清扫；第二步，你用拖把拖；第三步，重点突破，用钢丝球清理卫生死角。你把教室清扫得光洁如新。转而引导：清除室内垃圾要讲方法，消除情绪垃圾更要讲方法，这样才能成为一个文明得体的人。他认识到自己的失态，向我承认了错误。其实，这个孩子是半年前转来的，起初情绪一失控就吼叫着用拳头捶打墙壁。我跟他约定，老师要帮助你打败情绪怪兽，方法是清扫教室。情绪怪兽是个急脾气，扫地是慢功夫，用扫地磨性子是以慢打快、以静制动，非常有效，他点头同意。用这种方法，我帮他平复了情绪，他获得了大家的尊重，成绩上也有很大提升。上学期期末，他写过一篇文章叫《我变了》，感恩老师带给他的变化，这篇文章收录在我编辑的班本教材《送你一支神笔》里，小伙伴们从文章里更理解他了。

3. 豪华版惩罚

写反思及整改方案，用于学生有顽固的毛病或师生发生争端、同伴产生肢体冲突等情况。根据情况，反思在 500 字到 800 字不等。引导学生在写作中冷静剖析自我，与自我对话，获得自我教育。不要低估"写下来"的力量，"写下来"是情绪的调节器，是思考的挖掘机，是行动的发动机。叶澜教授认为"写三年教学反思就有可能成为名师"，朱永新教授开日写千字坚持十年的"成功保险公司"，都是看到了"写下来"的力量，这对学生也是一样的。惩罚学生重在引导学生的眼睛向内审视，种好福田。

4. "唤醒心中的好孩子"

据说非洲有个原始部落，当某人犯了错误就被带到村子中央接受众人的赞美。全部落的男女老幼都停下手中的工作，把罪人团团围住，轮流列举他做过的好事，歌颂他的善行和美德，每个细节都不能错过，仪式最终发展成为一个欢乐的典礼，大家欢迎他回到集体当中。我深为这样一个传说而感动，并深受启发。当一个孩子内心挫败感很重的时候,我用的反倒是表扬,让所有的孩子找他的优点夸奖他,此后多多帮助他,让他感受到集体的接纳和温暖。这是一件非常美妙的事情,把惩罚化为温暖,把伤害变成祥和,犯错误的孩子没有被遗弃,没有受到打击,从此重新成为团结的对象。宽恕无法改变过去,却能改变未来,就如同陶行知用四颗糖把批评变成表扬的故事,当一个人心中的好孩子被唤醒的时候,他的未来也就改变了。

惩罚学生的原则是:重教育轻惩罚,大棒之后要有胡萝卜,只是或早或晚而已。表扬学生要带着大喇叭,惩罚学生却要压低嗓门,尤其要抱着"对你负责,助你成长"的教育态度。

两分钟小视频的"狄德罗效应"

课前两分钟演讲，是我长期坚持的一项文化制度，深受学生的喜爱。但传统的课前两分钟演讲存在着这样的弊端：老师做不到每节课都提前预知孩子们的演讲内容，对时间缺少掌控，质量也没保证。因为受邀在"奶蜜盐教育联盟"平台上课，我需要提前录制小视频试看效果，这启发了我：信息时代的高铁已经呼啸而来，干脆让孩子们提前录制小视频，然后交给我预览，我可以根据具体情况进行指导。

一、做好课前两分钟故事视频，要分三步走

第一步：找好故事

好故事"长"什么样呢？要将一个相对明确的标准告知学生。

（1）有陌生感。陌生化意味着新鲜感和神秘感，意味着听者有全新的体验感和获得感。

（2）选材要由易到难。讲短小的故事易，讲大部头作品难。要建坡道，循序渐进。先讲千字文，把素材处理好、背熟，降低讲故事的难度。讲好了可尝试讲大部头。大部头对概括能力要求较高，如果要讲的话，可以抽出其中的一部分来讲。如何兼顾整体和局部，对学生的概括能力是一个很大的挑战。

（3）故事和道理的"配方"是90%+10%。好故事都有矛盾冲突，人和人的冲突、人和自然的冲突、人和自身的冲突。好故事都有着像心电图一样跳动起伏的情节，好故事多是主人公的英雄之旅，要么完成自我超越，化茧成蝶，成为超级个体，要么在挣扎中被毁灭，让人思考生活的另一面。故事

的意义不仅在于娱乐，还在于启智。因而结尾处要水到渠成地得出一个道理，强调"水到渠成"，是因为有些学生讲故事时，故事和道理是"两张皮"，好比前面讲的是种南瓜，最后结出了一个西红柿，让人听得一头雾水。

第二步：讲好故事

想把一个故事讲完整，讲流畅，要脱稿，要有悬念，要跟听众有互动，语言还要简洁，那就意味着要在背后下一些功夫。可以先对着思维导图自己讲，然后再对着镜子讲，加上恰到好处的表情、大方的肢体语言、节奏强弱的处理，这样既能增强讲故事人的代入感，也能增强故事的感染力。练到胸有成竹再录制。

第三步：录好故事

设计好自我形象。平台再小，一旦录制视频，就具备了观赏性和传播性，也就意味着个人形象转为公众形象，穿什么衣服，梳什么发型，以什么样的仪态和精神面貌呈现给大家，这些便要考虑在内了。久而久之，自我形象和审美品位也得到了提升。

选择合适的地点。可以选择室内录制，有居家生活的氛围，有书香的气息，还可以有绿植花瓶的点缀。有同学把自己获得的奖状、奖杯作为背景，给人一个美好的暗示：我是一个积极向上的孩子，多好！有同学在案头放一盆绿植，充满了生命的气息，多美！有同学选择了室外，在小区的凤凰树下、喷泉边，在大海边，在椰子树下，这样的环境引人遐思！无论是室内还是室外，都要保持环境的幽静。

正式录制。横屏，屏要放稳，时间要掌控在两分钟以内，一旦故事过长，就意味着详略处理不够得当，语言表达还需要锤炼。作为课前演讲，讲过之后其他同学还要点评，太长会占用正课时间，也纵容自己养成缺乏精品意识的坏习惯。

我要求学生将视频私发给我。私发才能做具体指导，发在群里，指瑕的话开不了口。

制定评分标准，课堂播放，安排专人负责这件事。播放后，明确评分标准，现场打分。以下是我们的评分标准：

总分15分，从五个方面进行评价，计入每周操行积分。

（1）选材新颖，有陌生感。（3分）

（2）结构完整，情节生动，引人入胜。（3分）

（3）主题明确，见解独到，画龙点睛，有现实意义。（3分）

（4）站姿端庄，穿着得体，表情自然，具有感染力。（3分）

（5）声音洪亮，素材熟练，表达流畅。（3分，每卡顿一次扣1分）

这样，选中的视频在课前播放，两分钟就可以搞定，质量很有保证。

奖励办法。每日评价：《班级日志》开辟"今日演讲之星"栏目，通过记录予以表扬；每周评价：每周从十位演讲者中选出一等奖一名，二等奖二名，再次加分；学期评价：每学期评选出5～10个"年度演讲之星"，颁发证书，并从中选出优秀演讲者成为校级"个性英才星"，与校长妈妈共进烛光晚餐。

二、实践成效——看得见的"狄德罗效应"

这个活动备受追捧，每节语文课课前孩子们就极其期待，看看今天是谁有幸被选中在大屏幕上当"主播"了，这样的期待极大地调动了孩子们的积极性。而且，这个活动是持久的，是班级常规教学中一个不可或缺的环节，加上配套的奖励机制，真正锻炼了孩子，孩子们的精神面貌和班容班貌正在悄悄地发生变化。先是孩子们选材的能力增强了，接着表达得更为流畅了。再往下发展，孩子们对素材的详略处理也有了要求，越来越"能说会写"了。

"温饱"解决了之后，有些孩子对形象的要求也提高了，表情、手势、与观众的互动也改进了很多。比如，姚政泽同学迷上讲故事之后，更爱阅读了，起初他讲故事的随意性很强，因为要录制"两分钟小视频"，他就不得不锤炼语言，表达越来越简洁了。后来，他讲的里根总统承担责任的故事还作为"责任在心，担当在行"云上升旗活动的一部分上了校电视台，他成了全校知名的小主播。而李羿婵同学有一次讲她在樊登读书里听到的心理学效应，有案例有剖析，我甚为惊讶，当即指导她加上反面的例子，然后联系我们班级生活的实际情况拓展延伸，这样一路讲下来，不但她的口头表达能力得到飞升，思维品质也得到极大的优化。我相信经过这样的历练，孩子们到了高中写各种题材的文章都不在话下。而且，孩子们的外在形象也会更加优美，他们自内而外都会散发着智慧的芬芳。一个小小的活动，引发了心理学上的"狄德罗效应"，久而久之，让优秀成为一种习惯。

我们用专属的最美班服记录少年时光

一、为什么要设计班服

有了校服,还要班服吗?要!穿校服是完成"规定性动作",那班服呢?是我的地盘我做主!打造班级文化,增强班级凝聚力,往往需要用一些"物质外显"的方式。班服,是班级重要的文化符号,设计班服,德育意义不可小觑。

二、思想总动员

我在网上找了很多时尚靓丽的班服展示给孩子们看,在一片惊呼声中,我微微一笑道:"这样的班服我们也可以有!"

孩子们快乐地叫道:"对呀,我们联系淘宝商家,货比三家!"

我摇摇头,微笑着说:"不,我们自己设计!大部分同学都有绘画基础,把绘画元素与服装设计结合在一起,让我们的灵感迸发出新的火花吧!"

三、分组讨论:班服设计需要哪些元素?

孩子们四人一组讨论起来,整理如下:

(1)可以把班级 Logo 和班级图腾融合进去。

(2)班服应该新颖有创意,能展现团队的特色。

(3)可以设计成水墨风格、动漫风格等。

（4）班服设计当以图案、字母、汉字及数字为主要元素。

（5）可以走小清新路线，以植物为主要构图元素，素材可以到网上找。

……

四、分组设计

自主结合，小组设计，作品可以是电子稿，也可以是手绘纸质稿。

五、班服设计竞标

一个班 63 人，我收到 34 份作品，经过初评，按 2∶1 的淘汰率，筛选出 17 份作品。我利用一节课的时间，让学生通过 PPT 现场解说班服的设计理念，每件作品的演示时间不超过三分钟。

小小设计师走上前台，竞相展示自己的作品，精彩的展示和火热的拉票结合在一起，现场非常火爆。

3 号作品的设计者是辛龙懋，他的作品创意为：正面书写"奔跑吧，二班，全力以赴为梦想"，寓意二班同学要拼尽全力，不留遗憾。奔跑的姿态，寓意我们充满活力，积极向上！背面的英文体现更大的人文视野，翻译过来是"二班，我们是最棒的"。

5 号作品的设计者是高蓉涓，她的作品创意为：服装设计追求实用美和视觉美。以班级图腾"狼"为主题图案，并用汉字作解读，突出这样的主题：团结合作，我们要像狼一样，依靠团体的力量去达成目标；执着坚韧，我们要像狼一样，对成功有着坚定不移的向往。

我们进行了现场举手投票和网上投票相结合的方式，最终辛龙懋的 3 号作品胜出，他立即幸福得脸上红霞飞。不过呢，3 号作品没有班级的"狼图腾"，同学们总是心有不甘。于是，孩子们对着电脑嗒嗒嗒敲击一通，班服的背面就出现了一匹威风凛凛的狼。"狼图腾"印在班服上，提醒同学们学习狼文化，践行狼文化。

六、后期制作，定制班服

联系淘宝商家，说清具体要求，谈定价格。

有意思的是，我们班 63 个学生，却定了 73 件衣服。为什么呢？还有 10 位老师呢！此后，一旦有大型团队活动，师生都穿上同样的班服，顿时有了平等和谐一家人的感觉！

七、好评如潮

这个班级创意活动发表在公众号上，一天的阅读量达到了 1500 多，网友们纷纷为我们的创意活动竖起了大拇指，留言达 30 多条，每一条都充满了欣赏和鼓励。

网友"安静也是美"留言：初看，惊艳，孩子们创意无限，真的是不要轻视每个孩子；再看，厉害，这样思维奔放的孩子迟早活跃在社会的每个角落！

网友"皇家三石"留言：集思广益征设计，作品个个有创意。老师学生齐参与，彰显班级凝聚力。

网友"周氏粮画"留言：想不到现在的初二学生，业余都能创作出这么高水准的班服设计效果图！只能说：真的很厉害！为他们点赞！

网友"露露"留言：刚孩子放学回来说，"妈，你知道班服吗？我在学校看到了苗老师班的班服，真漂亮，而且都是他们班学生自己设计的……"一口气说了一堆，满脸都是羡慕，随后来了句"做苗老师的学生真美"。——智慧的老师带着一群有活力、有激情的孩子们，真羡慕你们！

留言不乏溢美之词，但确实给了我和孩子们极大的鼓励。设计班服，可以点燃创意的火花，提高艺术修养；协作设计，可以集思广益，增进友谊；班服竞标，可以提高同学们在公众面前的推销能力、表达能力；班服只有一套，只有参加重大活动的时候才穿，学生非常珍惜，识别度高，可以增强班级的凝聚力。

图 1　致远班班服竞标现场，辛龙懋同学的作品当选

图 2　绿色森林班同学林子皓穿着我们自己设计的班服参加校运会

在"淯水行""月季行""张仲景医药行"等行走课程上，致远班同学就穿着自己设计的班服出动，成为校园里"最靓的仔"。经验是可以传承的，到绿色森林班，我们如法炮制，也做出了漂亮的班服。

海量读写课程，以美好推动美好

有人做过这样的实验，把有长成千斤潜力的鱼苗放在一个小鱼缸里，那么小鱼不是长得鱼缸盛不下，而是不再长了。这个实验引发了我的思考，对于阅读的养分吸收，历来都是"取法于上，仅得为中；取法于中，故为其下"，单凭语文课本这个小洗脸盆是养不出千斤大鱼的，必须从课内向课外延伸。而这些年的管班经验告诉我，阅读的孩子灵魂里会自带一点香气，一点静气，他们也更容易实现自我教育。所以带班，还是要带上"阅读"，无论你是不是语文老师。那么，我是如何引领孩子开展阅读课程促进德育的呢？

一、购置图书，建立班级图书角

谢云老师有美句："书有光，读最美。"读书，是门槛最低的高贵。教室是读书的地方，怎么可以没有书呢？那么读哪些书呢？

课标要求的必读书目，学生人手一册，不在购书之列。

少年养志，教室里要有不少于 50 本的人物传记。

经典著作，比如《红楼梦》《双城记》《霍乱时期的爱情》，引导孩子阅读。

课本上涉及的名家名篇的书，读整本书，一篇带多篇。

读影响力强的作家作品，比如当年明月、易中天、二混子、三毛、金庸等。

哲学、政治、经济、军事类的书也不能偏废，可以跟着樊登和罗胖的推荐购书。

读有助于提升自我认知的书，如《蛤蟆先生去看心理医生》《遇见未知的自己》等书，帮助学生理解自我，理解他人，与世界和谐相处。

读中考青睐的作家作品，比如丁立梅、迟子建、肖复兴、梁晓声、张晓风、龙应台、余光中、席慕蓉等。

中考常考的作家的书往往是短篇，只能算是甜点，要想把阅读的胃口撑大，必须有大部头的优质小说。怎么才算优质小说？阅读茅盾文学奖和诺贝尔文学奖获奖作品，质量是有保障的。

有争议的作家的书，也不妨读读。比如让路遥付出了生命代价的《平凡的世界》，的确硬伤多多。但这本书就是有一种动人的力量，能让人读得眼睛滚烫，也激励了一代又一代青年，我的一届又一届的学生也非常喜欢这本书，那就读。因为不完美，所以大家有话可说，这本书的汇报课往往是最精彩的。

再说一个选书的小窍门：逆流而上，以书找书。

有了书之后，我在漂亮的海绵纸上写了这样的句子：没有一艘船能像一本书，也没有一匹马能像一页跳跃着的诗行那样，把人带往远方。（狄金森语）

这首诗富于感情和韵律，能激发孩子们的阅读兴趣。

阅读方式：自助餐式阅读，随拿随读，随读随还，行动自由，心灵自由。我从来不制定繁琐的借书制度，这有悖于我的个性，也有悖于读书的随意自然。如果书丢了怎么办？不怎么办，丢了就丢了，反正是"肥水不流外人田"，过一段时间再补充呗。我们都不给拿书的孩子冠以污名，就当满足一个爱书的孩子对书的占有欲。

二、持之以恒地坚持"晨诵、午读、暮省"

晨诵，每天早上进教室，两位班长一前一后，带领大家进行10分钟的古诗文诵读。通过晨诵，养成与黎明共舞的生活方式，感受诗歌所传达的美好及乐感。午读，每天中午要保证学生至少有20分钟的自由阅读或专题阅读，用人类文明最优质的精神食粮来滋养学生，丰富学生当下的生命。暮省，每日放学前10分钟，反省自己一天的生活，写一篇暮省日记，养成躬身自省的习惯。

三、进行专题式阅读

根据书籍的厚薄，持续一周或两周阅读某一个名家的经典文字。比如阅读《射雕英雄传》，这一周我就基本不怎么布置其他语文作业了。我们上导读课、分享课、汇报课几种基本课型，说作者，聊读法，谈人物，析情节，写感悟。在写感悟环节，不但学生写，我也写，引导学生为人要剔除杨康的"巧饰"，笃行郭靖的"拙诚"。我还把"六神磊磊读金庸"公众号中的一些文章推荐给学生，鼓励他们有独特的发现。带致远班两年，我们先后做了"三毛作品专题阅读""丁立梅作品专题阅读""冯骥才作品专题阅读""梁晓声作品专题阅读""《明朝那些事儿》专题阅读"等，有些孩子一年读了30多本书。

四、跟着名家学写作

冰心说"模仿是最深的爱慕"，的确，任何一种技能的习得都离不开模仿，写作也是。每阅读一部名家作品之后，周二下午第二节课固定做阅读分享，每小组推荐一个同学分享阅读所得，这些敢于分享的孩子往往就是组内最会读书的孩子，可以发挥榜样作用。当学生对这一作家的文字风格有了整体感受之后，让他们自主选择自己最有感触的篇章段落仿写文章。比如，学习丁立梅之后写"花开"系列文章，学习梁晓声后写"悲悯小人物"系列文章，学习《俗世奇人》后写"绰号写人更精彩"系列文章，优秀作品发表在班报《作文之星》上。

五、办报

对阅读的喜爱也激发了学生的写作热情，基于语文学科的特点，2009年我创办了班报《作文之星》，发表学生的优秀作文和我的下水文。因为只有我写了，我才能体会到学生写作的甘苦，才能给学生行之有效的指导。当我手中有了30篇下水文的时候，我把中考作文的基本规律就摸索得差不多了。现在给我一个作文题，我基本上能很快地写出来，思维速度与写字速度同步。在反复的训练下，我们班的学生也练就了一碗米做出百样饭的水平。到目前为止，《作文之星》每周一期，每期四版，每版1200字左右，已经办了11年，共出了397期，约47万字，发表学生作文590多篇。

但是，写作目标的激励只能调动一部分学生的积极性，总有一部分学生没有存在感，要想把作文发表在《作文之星》上也并不是所有的学生都能做到的，而我思考的是，怎样才能把所有学生的积极性都调动起来呢？基于这种思考，带致远班时我又创办了一份班报《致远晨报》，设有"一周播报""班级趣事""励志人物""聚焦热点""书有光，读最美""老班寄语"等栏目，交给学生自主办报。人性中最深层的渴望是什么？是受人关注和尊重的渴望，人因关注而精彩。学生以前写作，只有老师一个人看，往报上一发，大家都看，不仅激发了学生的写作热情，而且也促进了优良班风的形成。在致远班，人人都是自媒体达人，人人都有话语权，人人都感觉到自己是班级的主人。通过日复一日地强化，《致远晨报》成为致远班重要的舆论阵地，榜样的引领也在潜移默化地改变着身边的人，班风越来越好了。学生们的记录热情越来越高了，翻开一期期《致远晨报》，会感受到孩子们参与班级管理的热情在跳动，创新性思维的火花在闪耀。记录的过程，正是一个全面受教育的过程。《致远晨报》的办报经验被《教育时报》做了整版报道，并且在"河南教师""河南校长""河南班主任"三个微信公众平台上受到持续关注，其中有一篇是《有了班报，我就做个"菩萨"，只笑不说，偶尔"收妖"》，盛赞了班报对班级培育的巨大作用。

六、养成一种好习惯：随身携带一本书

每个孩子的书包里必有一本课外书。随身携带，不仅是为了促成同学们养成利用碎片时间读书的习惯，还在于暗示自己：我是读书人。

七、班主任带头阅读，以美好推动美好

打造书香文化，班主任的阅读量和阅读品位对学生影响极大。一个不读

书的班主任，是不可能让学生感受到文字的美丽、成就思想的厚重、练就性情的高雅的，我爱读书，并自感深受读书加持，灵魂越来越舒展，然后，我才能把读书之美自然而然地传递给学生。一次我把法国作家加缪的话讲给学生："不要走在我的后面，我可能不会引路；不要走在我的前面，我可能不会跟随；请走在我的身边，做我的朋友。——来，该你们推荐好书了，我们共读！"真的，到后来不是我在领着他们跑，而是学生荐书我们共读了。比如《断舍离》《解忧杂货铺》《月亮和六便士》《你当像鸟飞往你的山》等书，都是我的学生介绍给我的。

  阅读的力量超过你的想象。

  我们班的阅读课程常常引得外班驻足观看，他们表示羡慕不已。因为他们常常深陷题海之中不能自拔，而我们班经历了海量阅读的浸泡，再回到课内、回到考试，阅读能力与思维品质会迅速提升，受益的就不仅是语文这一门学科。通常，学生阅读一个学期，语文素养就有明显的提升。而且，并不是语文好了，其他学科差了，此消彼长。相反，我们班各科成绩都名列前茅，实现了全面繁荣。我兑现了我的诺言：不搞题海战术，照样出成绩！"苗老师，我非常喜欢上你们班的课，孩子们会思考问题，还很有礼貌。"不止一个老师这么对我说。不仅如此，我相信："经典一本一本地阅读，时光一天一天地流走，蓦然抬头，那份书卷气已经悄然映在我的脸上。"（毕淑敏语）

班级叙事，"我愿成为更好的自己被你记"

随着信息化时代的到来，各种全新的沟通方式源源不断地涌现，如何利用信息化的手段服务于班级管理，成为一个新课题。除了常见的书信、小纸条，我还曾用过QQ群、微信群、晓黑板与学生交流。2016年9月，我申请了公众号"双向度人"，名字有"自度度人，成人达己"之意。公众号主要发布我的教育故事、教育思考和孩子们的优秀作文。

2019年，我从河南到厦门后接手启航班，启动了人物志的写作。我对学生说："我是班主任，又有记录的习惯，你们不仅是我的教育对象，也是我的写作对象。你表现好，我笔下的你就是可爱的；你表现不好，那我只能秉笔直书喽！"孩子们为了让自己以"伟光正"的形象出现在老师的笔下，他们要变得可爱点，这也有效地促动他们做更好的自己。从我个人的角度来说，要写出好故事，必须做走心的教育；要思考得有深度，还必须进行专业阅读，这就促进了我的教育教学能力。当时班里有39个孩子，茵依、珈屿、光来、闽豫、敏桦、涵恩、思涵等16个孩子走进人物志，而全班的每一个孩子都走进了班级叙事。

我是怎样写人物志的呢？我跟学生约定，这样才能被写进人物志：（1）榜样人物；（2）进步大的孩子。

怎么写呢？（1）注意树立榜样作用；（2）有些孩子特别需要鼓励，"亮点"不足，要"点亮"；（3）有些孩子优点和不足都很突出，我注意对其特征的描绘，哪怕是描写孩子的不足，背后也隐藏着一双欣赏的眼睛。

附其中的一篇：

陈茵依：你的美丽看得见

一

肃穆的会场上，五年段的师生济济一堂，正中的电子屏幕上写着"厦大研学成果汇报"几个大字。

汇报开始了，一群女孩子排着整齐的队列走上舞台中央。

走在最前面的女孩，个头高挑，身段苗条，宛如春天早晨一株亭亭玉立的小树。——这是我们班的班长陈茵依。

她对着大家深鞠一躬，莞尔一笑："大家好，现在由我们五（2）班团队展示厦大研学的成果。"茵依的声音宛如涓涓清泉，亲脆悦耳。

舞台上的茵依，落落大方，娓娓而谈。她将团队成员子墨、栩晗、艺轩、思涵、怡霏、嘉婧安排得有条不紊，她的分享赢得了阵阵掌声。

茵依，这个起初像含羞草一样娇嫩柔弱的女孩，终于站到了舞台的中央，像一朵白牡丹，有足够的美丽，让人人都能看得见！

二

然而，我最早对茵依的印象，却是她的胆怯。

开学不久，孩子们刚从日本研学归来，每班需要上报三个优秀生名额，负责管理这项工作的老师对茵依有着极高的评价，建议首选茵依。

没想到，一听说优秀研学生要到年段分享，茵依顿时吓得花容失色，连连对我说："苗老师，我不行！你让别人当优秀生吧！"

我被她给逗乐了：这丫头，怎么会低调成这样啊？优秀还要藏着掖着吗？

我好说歹说，她总算同意了。但据说，她的分享很是窘迫。

那时候我就想：这么好的姑娘，一定要让她自信起来，让她的美丽人人都能看得见。

三

开学后有一段时间我没选班长，我初到厦门，对学情不熟悉，贸然指定班干部，万一看走了眼，再撤换，必将伤筋动骨。对于班长的人选，我在暗暗观察。

茵依因为书写刚劲有力，被指定每天抄写课表，记录学分，她非常有责任心。

我还观察到，周五一放学，孩子们就迫不及待地回家了，总有几个孩子走得晚一些，其中就有茵依。跟那几个趁着喧闹玩儿的孩子不同，茵依每次都是很安静地写作业，闹中取静，浑然忘我。有时候，她爸爸也在，坐在一旁，安静地看着女儿写字，看到老师，微笑着点点头，很有礼貌地打了个招呼。

一次，我开教研会，回来时天色已晚，茵依已经收拾好了书包，站在爸爸的身边，一副小鸟依人的可爱劲儿。看到我，甜甜的声音透着无限的快乐："苗老师，我的作业已经写完了！再见！"

天呐！这速度！

我知道，这是一个对时间、对生活有掌控力的女孩。

而且，茵依人缘也不错！跟她一起玩的孩子个个积极上进！

四

可是，她适合当班长吗？想到她到日本研学归来害怕分享的那件事，我有些犹豫。

但是，想一想：哪个孩子天生会当班长？不敢分享不正是因为以前没有得到过锻炼吗？

于是，我鼓励她："你可以竞选班干部啊！"她一下瞪大了眼睛，用纤细的手指指着自己："我吗？"我说："当然了！"

她且惊且喜，喜多于惊。从此之后，学习更加刻苦。

不久后的一个周四，茵依生了病，连声咳嗽，不得不提前回家。临走的时候，她显得顾虑重重，我问："怎么啦？"她说："老师，下周选班长，我担心我选不上……"

我这才知道，这棵小小草，心里已经有了开花的梦想！

我笑道："回去吧！你记住：做好你自己，一切水到渠成！"

结果下周回来，她把各科作业补齐了！我愣住了，问她："你哪来的作业？""我请同学们帮我上传了作业的图片啊！"我一时不知说什么好，内心里又是欣喜，又是心疼。

综合各种表现，茵依的班长就走马上任了。

五

人因关注而精彩。茵依，这个以前不声不响甚至有点害羞的女孩，因为当了班长，像花儿一样常开不败了。

课堂上，她身子坐得端端正正，全神贯注，目不转睛地看着老师。认认真真地听讲，仔仔细细地做笔记，口齿清楚地回答问题。

运动会上，她和同学们一起，给参赛者喊加油，给成功者送欢呼，给失意者送纸巾。

同学们闹矛盾，她前去竭力阻止。

作文篇篇出彩，下笔流畅，文笔细腻，她的文章里总有琴声流淌。有一次她写了一篇父爱的文章，细腻动人！我开她玩笑道："你是不是更爱爸爸一些？"她立马急了："不是！不是！"为了证明自己是"手背手心一个样，爸爸妈妈一样亲"，她回头又写了一篇母爱的文章，同样的细腻动人！哈，这孩子！不仅创造力超强，情商还超高！

还有两件事，我印象特别深刻。

一件事是茵依因为形体优美，动作标准，被委以"甩旗手"的重任。所谓的甩旗手，就是在升旗前把国旗攥在一起，在国歌开始后，向前半步走，把国旗甩向空中，然后撒步，原地站立，行注目礼，目送国旗冉冉升起。茵依把这项工作做出了品质，每周一次在全校同学面前的亮相，让她，也让启航班的全体同学倍感光荣！

另一件事是举办集体生日的那个晚上，茵依提出要为全班同学弹一曲钢琴，我竭力想办法促成。那天晚上，整个小学部都离开了教学区，只有我们排着整齐的队列，以"衔枚以晦其迹"的轻捷，来到了一楼大厅。那里有一架钢琴，茵依走上琴台，对大家鞠了一躬，婉婉落座。她灵巧的手指在钢琴的键盘上跳跃起来，琴声如蝶，扑闪着灵动的翅膀，在大厅里翩翩飞舞。

曲终，余音袅袅不散。茵依起身，给大家深鞠一躬，说："感谢大家鼓励，感谢苗老师成全！"

六

茵依，我们启航班的班长，这个11岁的小女孩，她爱美，会撒娇，说话有点嗲，得到表扬也会喜形于色，希望落空时也会耷拉着脑袋。她有表演型人格的倾向，这使她表达感情时略显夸张。她有时会表现出成人化的倾向，我向她了解班级情况时难免涉及违纪问题，她不会像敏桦、栩晗、光来、珈屿一样直言不讳。那几个孩子，确实更有胆略和担当。我微笑着不语，也许她很渴望成熟，也许，还是因为胆怯。这似乎是她的性格使然，不过，她为班级做了很多事情，这些不足，选择性忽略吧！

此刻，她就在我的身旁，读着这篇文章，脸上掠过片片绯红的轻云，她内心里的惊喜是按捺不住的，这使她说起话来又快又嗲又有点磕磕绊绊："苗老师，我好开心啊！你写的第一个人是我啊！大家会不会觉得你把我写得太好了啊？嗯，我有那么好吗？那谁谁谁们读了会不会吃醋啊……"

这就是茵依，凡事力争上游，喜欢被人看见，有时候显得不是那么自信，有一点小娇情。像大部分孩子一样，她会淘气，会沮丧，会大笑，会害羞！——可是，在我的眼里，她就是一个孩子！

没有谁天生光芒万丈。茵依的绽放，是她一点一点克服了胆怯，然后一天天地让自信的羽翼丰满起来，奋力地翱翔在成长的天空中！

茵依是一个温柔、上进但还缺少一点生活历练的孩子，我在文中大大地鼓励了她的优点，也委婉地点出了她的不足。这给她和家人带来了很大惊喜，她的妈妈说："谢谢您，苗老师，您对孩子真是关怀备至，也非常了解、接纳。太谢谢了。"不仅是茵依，子墨、光来、涵恩、思涵、闽豫等孩子的妈妈看到我写的人物志都非常喜欢，认为我的刻画"入木三分"，既欣赏了"现在的他"，也接纳了"过去的他"，还激励了孩子做好"未来的他"。的确，我在记录中描写了丰富的细节，给孩子们的成长提供了一种积极的暗示，从而促动了他们的行为朝着正向转变。而且，我也恰如其分地表达了我对学生的爱，让我的爱也能被"看见"。

班级叙事的记录，对班级生命姿态和精神长相的优化有着无可比拟的奇效。美国著名心理学家詹姆斯说过："人性中最深切的本质就是被人赏识的渴望。"孩子们渴望成为故事中的主角，渴望被看见，被懂得，被瞩目。每写出一篇人物志，我就在班里念一篇，孩子们都非常激动。我会借此给孩子们开一节班会课，引导学生明白哪些是对的，哪些是错的，因为都是身边真实发生的鲜活的例子，甚至有些就是当事人，教育的力量更强大。

学生毕业时，我把我写过的文字整理成一本书，取名"奔腾吧，后浪"送到学生手中。吕校长特意到我们班里表扬我们说："一年时间，启航班逆袭了。"

创意四

班干部培养，
让每一个岗位都发光

一般来说，班主任是通过三支队伍的建设来实现对班级的管理的：班委团队，带班风；课代表团队，带学风；值日小组，管卫生。三支队伍的工作内容既有交叉又各有侧重。培养班干部的目的是将班级管理的部分权利让渡给学生，让学生学会自我管理，班主任要做的就是持续地唤醒、引领。

班委竞选制，老办法做出新花样

一个班级，需要组织出一个正气凛然的班委团队，从而把班主任从事必躬亲的事务管理中解脱出来。对于班干部的选拔和培养，有两点一定要明白：一是一定要承认人与人的差异性，找对人，做对事。二是班委的组建，可适当缓一缓。我当班主任的第一年，一开学立马就把班委建立起来，以为"兵贵神速"，结果发现"一见钟情靠不住"。因为人的性格不同，能力强的学生未必愿意站在人前；那些"扑通扑通"往你面前跳的孩子，对自己的能力未必有准确的判断。后来，我通常在开学第四周才组建班委。

那么，具体如何组建班干部团队呢？

（1）告知标准：在开学之初明确告知学生，我知道人与人是有差异的，所以我不搞"班长轮流制"。我选择的班干部，在"德能勤绩"四个方面大体上有如下要求：

德——人品正派；

能——心智成熟；

勤——积极主动；

绩——成绩中上。

为什么我对成绩有要求？成绩好的孩子更善于自我管理和管理别人，因为当班干部是"服务他人，影响他人"的事业，如果一个孩子基本的事情都不愿或不能做好，却非常积极于当班干部，并从当班干部中得到了激励，往往会助长他做事主次不分、逃避责任的价值取向，这就作了一个坏的示范，对他本人也是有害的。

（2）告知岗位：我通常设定好岗位，并用极少的语言描述，有利于学生抓住核心内容，然后张贴在教室后面供学生参考。

行政班长一名：有威望，会协调。

学习班长一名：学习好，能带头。

体育班长一名：爱运动，会组织。

卫生委员一名：讲卫生，爱劳动。

文艺委员一名：有才艺，能负责。

宣传委员一名：能写画，善沟通。

学生干部一名：心眼活，行事正。

其他岗位，不再开学告知，后期慢慢观察，再选拔。

（3）告知任期：班干部任期多长为宜？任期过短，换届改选培养新人耗时耗力，工作缺乏连续性。任期过长，班级"阶层"固化，其他同学没有机会。可根据带班时间长短而定：如果带一年，班委任期也一年；如果带三年，就一学期一改选，给更多学生创造锻炼的机会。

（4）物色种子：新接手一个班级，有没有可能遇到同时兼具"德能勤绩"四种优良素质的学生？据我多年来的观察，没问题。通常在一个月左右，优秀学生就锥处囊中了。发现有潜力股，遇到合适的时机要鼓励他们参加竞选。

（5）意向征集：竞选前一周给每个学生发一个意向征集表，包括应聘岗位、优势分析、施政纲领等，填好之后上交，初步统计候选人，做到心中有数。如果发现自己看中的选手没行动，及早私下做动员。

（6）组织竞选：汇总意向征集表，在班会课上，把岗位写在黑板上，对应的竞选人写在后面。候选人按照岗位要求顺次演讲，每人限时两分钟。最后，民主投票举手表决，一节课搞定。班主任作总结，祝贺所有选手，并告知这只是临时班委，考核期为时一个月。

（7）聘任仪式：一个月过后，班干部上交工作总结，师生举手投票，考核合格后正式聘任为班干部。考察合格率有多少呢？通常是全员通过，个别内部微调。全体班委站到讲台上宣誓，然后给班干部颁发聘书，聘书从网上找到相关小程序，根据需要自行设计、打印。接着，请就职班委谈感想，每人限时一分钟。

每个环节，都有厚重庄严的 PPT 做背景，并插入《荣耀时刻》作为背景音乐。通过仪式感，强化班干部的服务意识和使命感。

　　需要说明的是，这些方法并不新鲜，发生在每个教室里的故事都大同小异，只是有做得"精细"与"不精细"的区别，所以也称不上是什么特别的"创意"，考虑到章节的完整性，也考虑到能帮助到新入职的教师，就写在这里。

岗位培训制，让每个岗位都发光

不要想当然地认为学生一旦成了班干部，就懂得如何完成从"普通兵"到"公务员"的角色转化，要知道，班干部只是孩子，没有一个孩子是为你设置的岗位量身打造的，一定要培训。

一、首次集训

第一次竞选成功后，马上就要进行首次集训，主要内容有三点。

第一，发职责表。班委人手一份，让班干部既知道自己做什么，也知道其他班干部做什么。职责表可以保存下来，及时对照。

第二，打气夸赞。把班干部单独叫出教室，夸赞道：恭喜你们能得到这么多同学的信任，我相信你们有出众的才干和人品，感谢你们愿意成为班主任的左膀右臂。作为班主任，我以最大的努力培养你们，让你们发展，期待一个月后你们考核合格。

第三，提出要求。一要严于律己，敢于管人，王熙凤协理宁国府，一战封神，靠的是敢于管事，纪律严明。班干部做事要用心，看到问题要马上行动，不要等老师推一步走一步。有时候你们管事还会得罪人，还会受委屈，这是工作的常态，一个人做事再正确，也总有人不喜欢他，但不喜欢仍要做。二要带头读书，爱读书的同学明事理。我带班绝不以暴制暴，班干部要懂文明管班，读一点有助于自我成长的书，推荐看金庸的《射雕英雄传》、史蒂芬·柯维的《高效能人士的七个习惯》和钟杰的《陪你走过初中三年》等。三要上交纲领，班干部写一份施政纲领，养成主动思考的习惯。提交施政纲领的时候，班主任借机指导他们哪些可行，哪些不可行，据此修订，然后实施。

二、班委例会

首次集训之后,要形成班委例会制度。既然是例会,那就要常开不懈,通过集体培训的方式进行。例会内容:(1)每人做两分钟述职报告。(2)班主任点评,以表扬为主,指瑕为辅。(3)班主任提前准备,把近段亟须解决的问题梳理出来,系统培训。例会大体上有尽职、合作、沟通、律己、主动、惜时等主题。培训每周一次,有时我会利用晚自习下课把班干部留在教室,以"烛光晚会"的形式召开;有时我会把班干部带到操场的法国梧桐树下,在清风斜阳下开;有时我会把班干部带到教师宿舍,我和教数学的景老师跟孩子们围在一起开。回想起来,当时的情景历历在目,异常温馨。

这是班委例会上的一次记录:

孩子,人情不能大于原则

晚自习下课,班委会开始,我把班委成员集中在我的教师宿舍。本次议题是本周的拔河比赛,明天是我们五班与隔壁四班对决,我正准备励志"鸡娃"。斌先开口了:"老班,我们要不要让着四班?"我很诧异:"比赛还有盼着输的呀?为什么?"班长星发言了:"今年四班的很多同学去年都是咱们班的同学,连他们的班干部都是咱们的人:贾梦丽、王璐瑶、王壮、邓萌……我们现在还跟着您,他们分到别的班了,心里已经够难受了。这几天他们的班主任外出学习,昨天输了两场比赛,他们都在哭……"

去年的四班带得有特色,班级凝聚力强,以至于八年级分班后,很多孩子和家长仍念念不忘。但是,把情谊看得重于原则,我是不赞成的。我说:"你们重情义,老班很高兴。不过,这种方案是作弊。只是通常的作弊是要赢,而你们是要输,还打着江湖义气的名号,但本质上都破坏了比赛的公平原则,是拿竞争做交易,是对荣誉的亵渎。比赛就是要你像花儿一样全力绽放,这才是比赛的意义。其实这些天我很忙,一边要整理晋级材料准备面试,另一边英语老师外出学习,他的课由我来顶着。但是,只要有活动,我必到场,为的是让同学热爱集体的心不被辜负。我想从我身上你们要获得一个对待机会和荣誉的正确态度:把机会当作撬动成长的支点去全力争取,成功了固然可喜，失败了也不会遗憾。这次期中考试，贾梦丽总成绩年段第一，王壮、邓萌、王璐瑶也名列前茅，要不你们找他们商量一下，要他们期末考试试卷只做一半让咱们班胜出，行不行？"星、斌不好意思地笑了。

我又说："记住，人情不能大于原则。三国时期，诸葛亮、诸葛瑾兄弟俩，一个保刘，一个保孙，两国交战，各为其主，但兄弟还是兄弟。相反，有些人把情谊看得比集体利益大，公私不分，破坏了集体利益不说，还丧失了原则，甚至滑向了犯罪的深渊。维持情谊，不能凭妥协求悦纳。你们对四班的同学有感情，那对其他班的同学呢？哪一个班里没有我们原来四班的同学呢？你们让着他们，其他班的同学怎么看你们？我希望你们能看重每一份感情，而不是只看重跟个别同学的感情，不要做维持几个人伤害一大片的事情。与四班怎么比，知道了吗？"

这次的例会，我及时捕捉到班委成员普遍存在的思想偏差并及时纠正。班委干部也是孩子，他们思想有偏差时，班主任既要及时制止错误做法，又要考虑到他们的良好愿望，教育他们既珍视友情又不忘原则，这对他们走上工作岗位，在"情与法"之间作出权衡也有着极为深远的意义。

三、个别指导

当班干部必然会遇到各种矛盾，如果处理不好，就会影响班干部的情绪和学习，所以班主任要格外留心班干部的人际关系问题，特别是当班干部出现矛盾时，班主任要尽量在小范围内进行个别指导。

"将相和"

一、接到投诉

中午正在教师宿舍休息，班长星来了，情绪极为低落，开门的第一句话是："老班，这个班长我不当了！"然后头一别，一副委屈深重的样子。

我连忙给他找座，我们面对面坐下。星先说了一通班级管理的难度，又说："别人倒也罢了，最受不了的是斌，我在前面得罪人，他在后面做好人，他还当我是朋友不？！"

我听出来了，这才是问题的关键：星很看重他和纪律班长斌的友谊，他希望跟斌继续保持友谊。但斌工作不讲原则，并以不讲原则的方式笼络了一些不守纪律的学生，在班里有一定的威信。而星管班认真负责，得不到斌的支持，工作孤掌难鸣。

二、及时安抚

我该怎么做？把斌喊来训一顿吗？没有用！我故意说："斌这是诚心拆台呀，撤！"

星慌了："老班，别这样！斌能恨死我……"

我心里更有数了：学生之间有了矛盾，老师的介入当以促进学生和解为要。这个年龄段的孩子最看重的是跟伙伴的情谊。星也并非不想当班长，他不过是有点向老班矜功撒娇的意思，看来我对班干部的表扬和激励还没跟上，要改进。

我肯定了星在班级管理上的付出和成绩，详细地了解了他工作上的难处和与斌之间的矛盾由来，然后对他说："这个班级能成为年段排头兵，你立了第一功。这些绊脚石，算得了什么！你先回去，我这就找斌。"

三、火速出警

我把斌叫来，态度严肃，横眉立目，言辞犀利，毫不客气地批评了他公私不分对班风造成的危害，谈他这样做给星造成的尴尬窘迫。我特别强调了星对友谊的珍视，我把带他们两年来我看到的星对斌的各种好渲染了一通，把斌说得既感动又惭愧。接着，我讲了《杜拉拉升职记》里市场部总监和销售部总监结怨最后双双退出公司的故事，说："你不要以为你们两个不和只是你们两个的事，错！这关系着班级的发展，我从几十个学生里物色出你们两个最聪明、最能干、最有威信的学生，把你们培养成为班级大管家，需要大量的投入！你们闹不和，是打班主任的脸！你们两个就是班里的将和相，班级要发展，唯有'将相和'！"我一通胡萝卜加大棒，说得斌羞愧难当。

我也给斌说话的机会，他这句话引起了我的注意："我管纪律，同学们就说我'穿上马甲就不认识你了'。"我意识到斌之所以出现这样的问题，还在于他缺少同时"把事干好"和"把人做好"的能力。斌其实和星一样，是非常珍视友谊的。想到这里，我语气变得和缓了，让他坐下，教给他一些具体的工作方法："秉公行事"和"同窗情谊"是可以互相兼顾的；看到问题，要勇于挺身而出，立马制止，这样才有威信；师生关系是上下级关系，生生关系是平级关系，要秉持"正面管教"的态度，"温和而坚定"；说话处事不能站在同学的对立面上，遇到同学犯错误，要站在同学的立场上劝解，让他知道你是为他好……这些促膝长谈拨开了斌心头的迷雾，他点头表示自己今后会尝试改进。

四、教育全班

斌走后，我打开电脑，把这个案例改头换面编写成题目。班会课上，以小组讨论、代表发言、老师总结的形式，教育全班学生。我旗帜鲜明地告诉他们，无论是星还是斌，都是为全班服务的，他们有管理同学们的责任，我会坚定不移地做他们的后盾，服务好你们。此后，斌管班越来越硬气了，斌和星的配合越来越默契了。

班委关系、干群关系是班级管理中的一个大课题。班干部在一起工作，他们的责任意识和处事方法不同，难免会有摩擦冲突，找老师解决矛盾，老师要读懂他们的内心诉求，切实帮助班干部解决难题。"宰相必起于州部，猛将必发于卒伍"，班干部也是起身"行伍"，不要奢望他们"穿上马甲"摇身一变就跟他们生存的环境"脱离关系"，把人得罪光了，去当班干部也不现实，也不是教育要追求的。少年时代良好的同伴关系，能使孩子获得安全感和归属感，有利于情绪的社会化，对他们健康人格的发展是十分有益的。他们看重友谊的心理应该得到理解和引导。新官上任，不够自信，班主任要扶他们上马走一程，在全体同学面前为他们积攒威望。等到他们内心强大了，就不会出现为取悦违纪学生不敢管人的情况了。

四、现场培训

有时候班干部工作不力，真的不是他们不愿干好，而是"非不为也，而不能也"，毕竟班干部也是孩子，是需要方法指导的。

把喧腾的流水引入安静的河道

早读课,还没走进教室,就听到教室里有一些不和谐的声音。我放慢了脚步,隔着玻璃窗悄悄观察,学习班长睿捷正在维持纪律,他几乎每隔一会儿就说一句:"别说了。"但效果不佳。

我走进教室,对睿捷微笑了一下,跨步走上讲台,腰背挺直,目光炯炯,表情严肃。两眼环视全班,教室很快便安静了下来。我不动声色地说:"现在,请快速坐好,桌面净,背挺直,书立起!5,4,3,2,1!"学生们很快行动起来,我点名表扬了几个动作快的孩子,然后示意睿捷起头从《古诗三首》读起,学生很快进入朗读状态。

我又示意睿捷跟我一起走出教室,让他分析我是怎样让闹哄哄的班级静下来的。睿捷说:"因为你让同学们做了具体的事情。"我微笑点头,肯定他善于观察思考。我说:"这叫'种上庄稼,不长杂草'。想让班级不吵闹,光说不要吵没有用,得给同学们找事情做。"然后又问:"我还用了哪些方法?"他说:"你没怎么说话,但是很严厉。"我笑了笑说:"是的,你观察到了我的站姿、表情、眼神以及指令。这叫'指令具体,少言立威'。"

我特别提醒他:"当很多同学都出现了问题,一定不要作无效批评,而要基于自身作调整。如果批评所有人,法不责众;如果批评个别人,他们会觉得自己'点儿背',下次懈怠做得更隐蔽。而且,不管哪一种,他们不知道下一步该干什么。表扬好的,被表扬的同学会有成就感,没被表扬的同学也会向好的看齐。"

此后,在我进教室之前的这段时间,睿捷已经学会"把喧腾的流水引入安静的河道"了。

班干部工作能力的提高,有赖于班主任的指导和训练。在处理班级事务时,要有意识地让班干部在场,让他们从中学习管理艺术。其实,这件事还可以做得更好,比如把这个案例写下来之后,给其他班干部各打印一份,启迪更多的班干部观察思考,起到"教育一人带动一片"的功效。

五、事上磨练

王阳明说，事上磨练。遇到活动，给班干部练手的机会，也是培养。班主任要做那个在路边鼓掌的人。带鸿鹄班时，梁秋月、刘春阳、胡梦娇当书法委员，这个岗位是典型的"因人设岗"，他们自己安排时间给同学讲书法。我可以自豪地说，这一届班干部非常得力，班级管理蒸蒸日上，常引得外班老师和学生羡慕不已。

六、卸职培训

班干部任期结束，我会感谢他们的付出，要求他们以文字材料的方式上交述职报告，要求：（1）写写任职期内做了哪些工作；（2）哪些工作自己比较满意；（3）哪些工作自己不满意；（4）哪些地方特别需要班主任给予指导。（5）你想对老班说点什么；等等。别担心"麻烦"学生，他们是很乐意以这样的方式跟班主任交流的。述职报告上交之后，当面评价，帮助班干部养成反思的习惯，提升管理能力。

"教育不是管，也不是不管，在管与不管之间，有一个词语叫守望。"恰当地放手，倾情地守望，才是一个班主任能给学生的最大信任。看着自己培养出来的学生有模有样地策划组织出一台大戏，那时候，作为班主任，会真正体会到"待到山花烂漫时，她在丛中笑"的幸福。

四步走，打造高效的学习团队

曾经有人做过这样一个实验，把32个钟表放在一起，起初，钟摆是杂乱无序的，但是，有的慢了下来，有的正在加速，它们的摆动频率正在趋同，在临界点，所有的声音突然变得整齐划一起来，形成了共振。根据量子力学的说法，万物都是振动，一切生命的本质都是能量，能量在同一磁场中，最终会同频共振。学习团队的建设就是根据"能量的同频共振"，从学习班长、课代表到学习小组，再到班际竞争能力的实战演练，自上至下四个层次培训，共同带动班级学习的提升。

一、学习班长的选拔和培养

1. 选拔

学习班长形同虚设的情况在团队管理中很普遍。学习班长是干什么的？是管理课代表的。因为很多课代表是学科教师自己指定的，学科教师用人标准不一，有时班主任看得很疑惑：上看下看左看右看，就是看不出来学科教师选人的标准是什么，这很可能是因为班主任对相关学科的学习内容、组织形式、学科要求等了解有限。这个时候，学习班长的作用就凸显出来了。学习班长通常是班里学习能力较强的学生，他有能力指导课代表工作。班主任可以从学习班长那里借力，督促他带好课代表团队，协助学科教师抓好成绩。学习班长的个人素质要求是什么呢？一要成绩好，二要积极主动，三要跟班主任亲近。——班主任用人，不能任人"唯"亲，但任人"必"亲。

2.培训

怎样培训？最好的方法是树榜样。历届学习班长中最让我难忘的是贾梦丽同学。一届届的学习班长都从我真诚的赞美中，认识了这个能干的学姐。

每天的早读课，贾梦丽总是雷打不动地和语文课代表或英语课代表站在一起，带领同学们高喊励志口号："我们的团队是——"

同学们答："七（4）班！"

声音并不怎样洪亮，贾梦丽拿起小鞭子在讲台上磕了一下，继续喊："我们的口号是——"

同学们答："激情四班，热火朝天；追求卓越，奋勇争先！"声音渐渐响亮。

贾梦丽又道："今天我选择挑战——"

同学们紧跟："道路充满艰辛，更有无限机遇。我要全力以赴，创造人生奇迹。让我们从现在开始，对人感恩，对己克制，对事尽力，对物珍惜。爱我们的父母，爱我们的老师，爱我们的伙伴，更爱我们的团队。每一个早晨，都有闻鸡起舞的斗志；每一个晚上，都有更上一层楼的喜悦。我们将创造令人惊叹的奇迹！"

与此同时，课代表已经在黑板上写好了早读的任务！也就是说，贾梦丽和课代表已经有了约定，一个负责领读口号，让班级快速进入学习状态；一个负责在黑板上布置具体任务。贾梦丽无论是跟语文课代表还是跟英语课代表都配合默契。

很快，教室里一片"蓬勃的宁静"，我们四班总能成为整个教学大楼中最早进入学习状态的班级。

看到我进班，贾梦丽微微一笑，放下小鞭子，走下讲台，开始晨读。

这个能干的女孩，除了早读雷打不动地带同学们读书之外，还是三餐后进教室最早的学生，一进班就主动布置作业。她还每天组织课代表检查作业，为班级学习质量的提高出谋划策，及时向我反馈学生们对各学科的意见和建议，组织各种学习小组并开展活动，推广典型，拓宽知识领域。

我将贾梦丽的事迹一届届地说给学生听，不过是变相培训，让他们见贤思齐。他们做得好，我也不断表扬，一届一届往后传，后来的学习班长邓丹丹、胡梦娇、韩若霖、王晶晶、陈睿捷都有学姐之风。

二、课代表的培养

大体而言，课代表的主要任务是收发作业、催交作业、检查作业、向任课老师反馈、检查同学的课前准备。个别学科还需要在上课前到办公室帮助老师拿好教学用品。如果老师暂时没到，就和学习班长一个安排学习，一个向班主任汇报。如果该门课需去其他场地上课，配合体育班长负责整齐有序地将同学带到指定教室。

相比较学习班长的选拔和培养，课代表的培养就简单一些。因为课代表一般是任课教师自己选的，任务往往由任课教师安排。课代表的培训也不需要班主任事必躬亲，学习班长就是课代表的上级，可由他直接指导课代表工作。

三、学习小组的建设

小组合作学习是目前普遍采用的一种富有创意、实效显著的教学组织形式。我以致远班的小组协作为例，谈谈我对小组建设的看法。

（1）初建小组：建立起小组合作竞争机制，把全班65人分成11个组，6人一组，小组整体实力均衡，从1号到6号，基本上是"两强两中两弱"，组内异质，组间同质，便于站在同一起跑线上竞争。根据能力特长，分工各不相同。

（2）变化"队形"：小组成员基本固定，但特殊节点也会改变"队形"：建班伊始，6人一组，组内结构为"两强两中两弱"，形成"先学起来的一部分人带动另一部分人共同学习"的模式；考前半个月"合并同类项"，学力相当的同学为一组。具体分为领军组、优秀组、冲刺组、拼搏组、潜力组和奋斗组，每组5人，对应的两个相同组形成竞争关系，共计13个小组。奋斗组是全班实力最弱的小组，只要在"奋斗"就行，不参与组间竞争；考试结束，为避免班级"贫富分化"，小组恢复如初。

（3）任命组长：学习成绩与管理能力较强的同学做组长。

（4）小组取名：我尝试过三种取名方法：一是彰显小组个性，可取"战狼组""追梦组""铁拳组"等；二是强化组长权威，可以组长名字命名，比如"晶晶组""佳璐组""奕嘉组"；三是便于分层管理，可分为"领军组""优秀组""冲刺组"等。不同名称是不同时期团队建设目标的体现。

（5）小组口号：小组还要有自己的口号，以起到振奋人心的作用。看看我们的小组口号：

英雄组：奋斗的英雄不孤独！

无敌队：东风吹，战鼓擂，无敌众将谁惧谁？

未来之星：星光闪烁的地方，就是我们努力的方向！

海洋组：海洋海洋，斗志昂扬；奋发图强，实现梦想！

战狼组：战狼战狼，激情如狼；战绩为最，数我独强！

……

每周班会课，小组进行团队展示，口号一亮，很有气势。平时觉得班级需要提提气了，就让他们喊一嗓子，振奋振奋精神。

（6）师徒结对：致远班65个学生，按学习力分成优秀、中等、潜力三拨人，站成三排。潜力生在中等生中找师父，鞠躬，行拜师礼，师徒结对。之后，中等生在优秀生中找师父，鞠躬，行拜师礼，师徒结对。小组形成"三人行"模式，手挽手过泮桥，泮桥又名状元桥，意味着"过状元桥，走青云路"，给学生一个美好的祝福。之后，要求师父每天主动帮徒弟解决一个学习上的问题，最后评出"最美师徒"，作为年终评优的依据。

（7）小组PK：组内有竞争，小组之间亦有竞争。我设计了一张小组积分表格，从课堂评价、作业评价、纪律评价、卫生评价、贡献评价、成绩评价六个方面对小组成员分别进行积分考核，然后将总数相加作为小组积分，安排记分员每周清算一次，周五班会课上公布成绩。小组长作好三分钟发言，总结一周得失，对小组优秀成员提出表扬。

（8）奖励制度：每周有小组评比和小组优秀成员选拔活动。在学期期末队形调整前一个月，我们组织"愿赌服输"小组评比活动，实力相当的两个小组决出胜负，失败小组要给优胜小组鞠躬，优胜小组说："实力PK，愿赌服输！"失败小组则说："再接再厉，我不服输！"大家在欢笑声中进入下一轮 PK。

通过小组合作，引导学生完成了从"自主学习"到"自主学习与合作学习相结合"的学习方式的转变，提高了效率。

四、班际竞争，向着追赶的目标跑步前进

把竞争机制引入到学习活动中，有利于学生找到目标，提升群体战斗力。致远班起初的年段综合成绩在十个班中成绩最弱。为了激发孩子们的斗志，我就激励他们勇于亮剑，向自己开刀，向兄弟班级亮剑。敢不敢挑战？大部分学生不敢，但我坚持说："我相信你们，我相信我自己。年段十个班，我们倒数第一，我们赢了，绝处逢生；我们输了，无非还是倒数第一。死在奋斗的路上，虽败犹荣！怕什么呢？我们谁都不怕，是他们怕我们！"反复激励，后来孩子们有了信心。我说："好！先挑一个对手！"学生选择了一个跟我们名次最接近的班，我们一起分析这个班与我们班的优势劣势，要求学生明确我们在哪些方面下功夫。很快，我们就成功超越了这个班，那是我们班第一次甩掉倒数第一的帽子，孩子们欢呼着，激动地流出了眼泪。

我们一路过关斩将，直到将目标定为超过隔壁的一班，当时一班是年段第五名。回到办公室，我代表全班直接向一班的班主任惠老师下"战书"，惠老师也觉得用这个方法激励学生很好。我们开班会，孩子们高喊："PK一班，我要亮剑！一次打不败，两次！两次打不败，三次！三次打不败，四次！四次打不败，五次！五次打不败，六次！六次打不败，七次！七次打不败，八次！八次打不败，九次！九次打不败，十次！哪怕一百次！一年打不败，两年！两年打不败，三年！我们要死磕到底！"一班学生隔着门窗，听到我们的"叫嚣"，"就在这鸟儿勇敢的叫喊声里"我们感受到了"战斗的欢乐"。而后来，我们还真的打败了一班。这样的君子之战，对激活两个班学生的潜能都大有益处。孩子们不知道，当他们争得"你死我活"的时候，两个班主任却在偷笑。

希望读者看到这些，不要对苗老师产生"唯分数论"的刻板印象，曲解

了苗老师激发孩子斗志的苦心。事实上，在当今教育的背景下，哪位老师又能够脱离自己生存的土壤开创教育的乌托邦呢？抛弃了分数搞素质教育，把学生扔在高考的此岸过不了河，也不是对学生负责任的表现。希望阅读到这些文字的老师们，也要看到苗老师在"拿分"之外所做的其他努力，这样才客观。

　　我们的团队培训课程与前面的生涯规划课程遥相呼应。如果说生涯规划为"练气"，侧重于激发内驱力，那么团队的打造和方法的学习为"练剑"，侧重于对集体英雄主义的激发，大到团队整体，小到团队的每个成员，都豪气当头，饱含着势不可当的爆发力和强大的凝聚力。剑气合一，将那些需要用强有力的意志去驾驭的学习行为，内化为整体生命中的自然行为，这对孩子们的精神成长发挥着持久的作用。

岗位拍卖会，让班级人人有事做

在班级的实际管理中，你会发现，即便有班干部和值日小组，仍然会出现"班级的人，有的人没事做；班级的事，有的事没人做"的情况。全指望班干部和值日小组开展工作就想玩转一个班，没活儿干的人会越来越没有主人翁意识。于是，我启动了"岗位责任拍卖会"这个活动。

（1）设置岗位。我结合班级实际情况设置几十个岗位：护花使者、净坛使者、卷帘大将、电力部长等，写在黑板上，让学生举手竞选，每人根据实力和特长竞选，可多选。

孩子们积极踊跃，我微笑着说："原一班的站起来……原二班的站起来……三班、四班、五班、六班……可以结合你们以前的做法谈自己的施政纲领，加大竞选成功的筹码！"这给孩子们提供了一个全新的思路。一个孩子竞选垃圾篓清理监督员时说："我竞选当垃圾篓清理的监督员，我用我们刘老师的方法管理。刘老师要求我们上午课间餐产生垃圾时必须清篓；上午离开教室时如果垃圾满了，必须清篓，如果还能用，继续用；下午也是一样的，但晚上必须全部清掉！"我点点头说："就你了！"这就把原班级的智慧做法迁移了过来。

就这样，学生选一个，我划掉一个，并随手把好点子记录在事先准备好的表格人名后面。不到一节课时间，几十个岗位拍卖一空，其中莲梵、杨洋同时选了三个岗位——身兼数职，三个是最高上限。我看得出来，这是两个自信心强大、服务意识很强的孩子。

（2）查漏补缺。也有三位腼腆的学生没有选到岗位，我把他们叫到外面，告诉他们：一个机会摆在你的面前，要相信自己有把它干好的能力。给你们一个星期的时间去观察，看看教室里还有哪些事情没人做，那就是你们的岗位。不到一星期，这些孩子都找到了自己的岗位。

　　一个 32 人的班级能产生这么多的"职能部门"，你能想象得到吗？但这些都基于现实需要，并没有闲职。如果找不到这么多的岗位，也许是我们的工作做得太粗放了吧？

　　（3）公示岗位。孩子们兴之所至认领一个岗位，老师千万别认为就万事大吉了，有的孩子能记住自己的职责，有的孩子转身就忘。怎么提醒？老师都不一定记得住呢！要想成功地开展一项活动，必须有方法。我把岗位职责表打印出来，一张贴在教室墙上，一张贴在我的办公桌前。下节上课"官宣"并告诉学生：岗位，意味着职责，也能培养责任心和毅力。以此激励孩子的责任意识。

　　（4）确认身份。认领之后，见到孩子就问："哎，你的岗位是什么？你今天是怎么做的？"别嫌烦，孩子还挺喜欢这种互动的，他觉得老师很在意他。有孩子还把姓名贴在岗位职责表对应的位置上，我就表扬他们。

　　（5）阶段考核。打印一个表格，周末进行测评，测评分为自评、组评、师评。孩子们大多数是很积极的，所以所谓考核，也是以提醒、督促为主，只评价，不打分。有孩子喜欢这个岗位就会更努力，也有孩子不喜欢或不适合这个岗位，随时调整。一个月后的测评是要当真的，要打分。

　　（6）颁发聘书。班会课上，对考核成功的学生颁发聘书，加积分。

　　最后我要说明，有这些就够了吗？不够，还要与卫生小组的安排结合在一起，两套体系，并行不悖。基本上班级的卫生、纪律、学习都有人管，责任到人，效果真的很不错！

创意五

爱情课程,
雨季给孩子一把伞

有调查显示，我国女孩子首次来月经的平均年龄是 12.54 岁，男孩子首次遗精的平均年龄是 13.85 岁。从此，孩子进入青春期，独立意识增强，父母权威下降，同龄伙伴影响力增强，渴望从异性那里得到关爱。就像春天来了，草会绿花会开一样，"早恋"就成了班主任不能不面对的问题。与其在教育的下游抗洪救灾，不如在教育的上游植树造林。爱情课程也不是教怎样谈情说爱的，而是要学生明白：爱与被爱都指向内心成长。

预热篇：好雨知时节，当春乃发生

有一个笑话，小男孩吻了小女孩一口，小女孩顿时吓得花容失色："天呐，我会不会怀孕呢？"——你一定笑了。可是，小女孩内心对爱和性的懵懂和恐惧，却被我们忽略了。如何看到孩子成长的疼痛，真正帮助到孩子呢？我首先做的就是召开"女神会"和"男神会"。

一、温馨美好的"女神会"

爱情课程先从"女神会"入手。为什么呢？因为女生比男生发育早一两年，女生的青春已经绽放，男生的青春还在积蓄力量。

1. 制造神秘

七年级上学期的一个上午，最后一节课快要下课时，我把男生"支出"了教室，对女生说："中午我们到共美空间开个女神会，不要声张哦！"中午女孩子早早吃了饭，我们一起来到共美空间。我把门从里面反锁了，然后示意孩子们随意坐。

2. 了解"月季花开"

我问：你们知道"月季花开"是怎么回事吗？

有小姑娘马上说："月季花是我们南阳市的市花！"马上引起一片笑声。有几个女孩们不好意思地说："嗯，来啦来啦！"我故意说："谁来了？——男生？"女孩子们说："大姨妈来过了。"我笑道："你们还有通用的暗号！比我强！我像你们这样大的时候，初潮到来，不明白怎么回事，感到又困惑又羞辱，终日以泪洗面，是不是很荒谬？类似的还有《荆棘鸟》里的梅吉，以为那是将死的征兆……"

我接着问了她们一些问题："你们了解月经吗？你们懂得卫生巾怎么使用吗？你们懂得生理期的身体保健吗？……"

这些又"敏感"又"羞涩"的问题，启动了充满善意笑声的课堂，气氛变得越来越轻松而亲密。

3. 了解两性知识

我接着说："苗老师要恭喜你们，初潮来临是女孩子迈向青春的标志，说明你的身体是健康的。但是，同时也意味着——你们从此具备了生育能力。"女孩子们呈现出又惊又羞的表情。

我接着说："你们这个时期，生理和心理变化都很大。所以苗老师想与你们聊一聊青春期怎么保护自己，以及你们要做一个什么样的女孩子。"

我问了几个问题："你们的身体发生了哪些变化？你们有没有心仪的男孩子呢？你们收到过男孩子的'小纸条'了吗？你们有没有遇到或听到'性侵害'的事件？……"

我说："我的一位同学，上四年级时乳房开始发育，她并不以为'做女人挺好'，以为那是可耻的，就刻意地弓着身子，结果终生驼背。"

"我的闺蜜，卧室与父母卧室只有一墙之隔，上中学了，还不知道人到中年的父母午夜梦回里的爱欲纠缠是正常的生理需求，她为此厌恶着父母，强硬地敌对父母，也为此走了不少弯路。"

这时，我打开 PPT，给孩子们讲了相关知识。

女孩子们专注地听着，时而紧张凝眸，时而含羞一笑。

4. 启迪思考如何与异性相处

"处于青春期的少女，怎样得体地表现自己呢？如何看待男女的交往，以及如何跟异性相处？大家谈谈自己的看法。"我微笑着问女孩子们。

我按座次让每个女孩说。孩子的想法并不很全面，我就及时补充一些。

最后我说："我希望你们从此之后要成为一个个优雅从容的女神，而不是懵懂又吵闹的女神经哦！这些问题你们思考一下，后期我们还要继续开班会。"

这天中午，我讲了大概 20 多分钟，就让"女神们"回去了。

打开共美空间，"惊起一滩鸥鹭"，原来有些调皮的男孩子也在偷听。我笑了："有轮到你们的时候哦！"

二、春风拂面的"男神会"

男孩子的青春教育课也是选择了一个中午，我悄悄地把他们带到了共美空间。

1. 从"尿床"谈起

我从《红楼梦》中袭人给贾宝玉换床单谈到"尿床"事件，我告诉他们："那不叫'尿床'而叫'遗精'，贾宝玉遗精的时候，年龄跟你们差不多。不过，周围的人没有给他及时进行生理和心理辅导，以致他在遗精的当天就'干坏事'了，最终的结果只能是'堪羡优伶有福，谁知公子无缘'。所以呢，苗老师有必要跟你们聊聊青春期，聊聊性。"

说是聊，其实很多话是 PPT 代我"聊"了，主要涉及了几个方面的问题：

遗精是正常的生理表现。

手淫是很正常的，不要过分内疚。

减少手淫的有效措施。

保持身心健康的有效方式。

很多时候，我让孩子们静静地看。感到孩子们有困惑的地方，就让他们念。"手淫"这一类的词大家都说不出口，我换了一种含蓄的说法：冲动。说到这些敏感话题，男孩子们也羞涩地低着头笑。

2. 关于男女的相处

我从一则广告说起，说女生"每个月总有那么几天"，空气松动了，男孩子终于憋不住笑起来。我说，女孩是很不容易的，你们要尊重女孩，礼让女孩，男孩对待女孩的态度，是检验男孩素质高低的试金石，也是一个社会文明程度的体现。男女的相处也要做到有礼、有度。

看着"男神们"带着释然离开，我也长舒了一口气。成长中的生理变化，往往伴随着心理上的困惑，有些家长并没有意识到，而即便是家长意识到了，也只是"一对一"的面授，把它变成一个半公开的话题摊开说，有利于将孩子们从压抑的状态中解放出来。

三、早恋测试来了，各自对号入座吧

有了"女神会""男神会"的前期预热，班会课上，我半开玩笑半认真地给孩子们发了一份早恋小测试问卷，要求他们如实填写，自己打分。具体测试内容，网上很多，就不呈现了。我微笑着收上来，一一归类，公布结果。

4~8分17人，属情窦未开型。你是典型的乖小孩，貌似不善于与异性交往，不过只有你自己知道，其实你也渴望美好的爱情。尝试着多接触异性吧，只要把握好尺度。

9~12分44人，属含苞待放型。你对异性已经有了向往，不过不必担心，不是每一个对异性产生兴趣的人都会陷入早恋。记住哦，千万不要把爱说出口，它只属于心。

13~16分3人，属孔雀开屏型。你过分在意异性，并且已经展现自己最好的一面。爱情是一门学问，你还没有能力应付，放一放这种感情吧！

同学们听后嚷嚷起来，有的说准，有的说不准。我笑道："都准了，就不好玩了！不过呢，这些题目会给大家启迪，这就是意义所在。——用数字说话，我们确实有开爱情课程的必要喽！"

四、三首小诗，玩味两种爱情

我给孩子们带来了三首诗，一首是徐志摩的《偶然》，一首是舒婷的《致橡树》，一首是罗伊·克里夫特的《爱》，引入对朦胧之爱和理性之爱的认识。此外，还用PPT展示了好奇型、模仿型、从众型、愉悦型、补偿型、

逆反型、爱慕型七种早恋类型及朦胧性、矛盾性、短暂性、非理性四种特点。

为什么要跟孩子们说这些呢？了解早恋的类型和特点，有助于孩子们自我诊断，理性看待早恋问题。

"女神会""男神会"的"召开"，缓解了孩子们内心的焦虑，也使师生之间、生生之间的感情能量得到了流通；而早恋测试，也让我和学生看到了爱情课程进行的必要性。这些都为开启爱情课程奠定了良好的感情基础。

未恋篇：爱惜芳心莫轻吐，且教桃李闹春风

八年级春季开学第一课是《关雎》，新课结束时我借势导入："爱情是文学作品、影视作品永恒的主题，爱情是美好的，爱情也是需要学习的，我们的系列爱情课程就开始了。"下面一片笑声，我打开电脑，放了一首《山下的女人是老虎》，轻松诙谐的歌曲让孩子们笑得前俯后仰。我说："设想你就是那个小和尚，你要进行一场美妙的心灵探索之旅，苗老师可不愿当那个老和尚哦！我要学诸葛亮，送你几个锦囊，助你在关键时刻作出正确的选择哦。"

第一个锦囊：青杏

我给孩子们讲了一个真实的案例：A 是我的初中同学，是一个白天鹅一样的女孩子。上初中就沉溺于早恋，初三辍学，此后陷入"结婚，离婚，再婚，再离婚，再结婚"的轮回。她生了三个孩子，日子过得一团糟。如果你现在遇见她，你很难将眼前带着三个孩子艰难度日的她和当初那个才貌俱佳灿烂恣肆的她联系在一起。

因为这个案例就发生在我身边，我的惋惜之情溢于言表，孩子们也听得唏嘘不已。

我点开 PPT，锦囊里装着一枚青杏，写道：青涩的果子你别摘，美好的爱情需等待！

第二个锦囊：幼苗

人会被"爱"迷住双眼，"我的眼里只有你"，觉得对方浑身闪光，前途

无量。果真如此吗？我想到了韩素静老师的一个教学案例，顺手拈来。我打开PPT，出现了数十棵幼苗，我让学生猜哪些能成才，学生还当真猜了。最后我微笑道："你们还当真了！我随便找的，我也不知道哦！"

我打开锦囊，写道：未来尚远，谁能成才，无法预料！不可早早把自己的人生抵押给未知的人！

我把笨拙、贫寒的郭靖和在锦衣玉食里长大的风流倜傥的杨康，抽烟、酗酒、养情妇的丘吉尔和富有艺术修养、不吸烟、不喝酒、生活检点的希特勒隐去姓名分成两组，让孩子们从中选择朋友，最后揭秘，让他们懂得成长的不确定性和人性的多重性。

第三个锦囊：剪刀

进入中学后，女孩子比男孩子更早进入青春期，有了"爱"的诉求。可是，放眼校园，"小屁孩"满地跑，唯一的"轻熟男"竟然是那些富有学养和活力的青年男教师，共同"暗恋"某个男老师，就成了"小萝莉们"只可意会不可言说的秘密，有些还相当顽固。为此，我借热点设计了题目给学生讨论。

案例一：15岁的少年马克龙爱上39岁的布丽吉特时，布丽吉特已经是三个孩子的母亲，马克龙用令人难以置信的耐心帮助布丽吉特经过了九九八十一难，两人走进了婚姻的殿堂。

案例二：2004年，82岁的杨振宁与28岁的翁帆结为连理，这场年龄相差54岁的婚姻，一度引发热议。

这两个案例引发了同学们的热议。有人说，真爱面前，年龄不是问题，志同道合最重要。也有人说，总觉得这样的婚姻也未必像外人看到的那么幸福吧。

因为亲见过几对师生恋，我也有一些思考。打开PPT，上面有一把剪刀，我说：对于另一半，每个人都有自己的选择，但有一个被默认的价值观却是"郎才女貌"，不管你是否认同，这个标准是存在的。35岁左右，"郎才"走高，"女貌"走低，形如张开的剪刀。"女大男小"的组合，增大了男女在婚姻价值量上的"剪刀差"。不管杨过小龙女的佳话多么感人肺腑,剥去文学的唯美面纱,也无非是两个曾经受过伤的苦人儿在一起互相取暖,互相治愈;不管马克龙和布丽吉特多么卓尔不群,两人到底如何,不过是"如鱼饮水,冷暖自知"。然后再说"小萝莉爱大叔"的组合,似乎没有"剪刀差"的问题,但他们面临的是另外一个问题:道德压力。如果"大叔"已经成家,你扮演的是什么角色?如果"大叔"尚为"大哥",而你却是未成年人,你仍然是置你的"大哥"于不义。很多国家是明文规定禁止师生恋的,在有些国家师生恋甚至是违法的。再说,爱情是平等的灵魂的相互吸引,而不是一方对另一方的仰慕和牺牲。你对"大叔""大哥"的感情,不过是误把仰慕当成爱罢了。而且,从婚姻的角度来看,无论是鲁迅和许广平还是沈从文和张兆和,幸福不幸福也都未必,因为有年龄差啊!有研究表明:夫妻间年龄差以不超过10岁为最宜,两个人的阅历、知识、生理、消费方式都有相同之处,才能更和谐。其实,苗老师也认为,最好的爱情,是牵手年龄相仿、旗鼓相当的人一起成长。

我打开锦囊,写道:师生恋,只是看上去很美。雾里的花朵,到底美不美,只有心知道。

第四个锦囊:狗

"天涯无处不芳草,身边没有网上找。"网络这么发达,学生们网恋的机会也很大。网恋了,怎么办?

班会课上,我们演出了这样一场名为《网线对面》的穿越剧:

第一幕:唐僧师徒取经之后,又过了十几个世纪,网络技术迅猛发展,八戒也迷上了网络,他以"最帅的哥·最酷的男"为网名注册了一个QQ号。

第二幕:一个名为"最靓的女·最纯的情"的女主播跃入眼帘。八戒看到她的照片,神魂颠倒,迅速坠入爱河,夜以继日地上网打赏"女主播",爱得死去活来,爱得倾家荡产。

第三幕:八戒参加蟠桃会,才得知对方原来是牛魔王。

夸张的表演,引发阵阵笑声。当然,表演不过是借古讽今,借此让学生了解网恋是多么不靠谱。

我又呈现两个案例供学生讨论。

案例一：一个 15 岁的男孩，曾参加全国数学奥赛获得好名次，家长对其寄予厚望，给他配了一台电脑以供学习。后来发现他神情恍惚，成绩下滑。当电话费陡增到千元之巨，一个外地的号码引起了家长注意。经过一番询问得知，男孩已经网恋三月有余。本来有希望考上重点高中的他，此时也没希望了。

案例二：女孩出生不久父母离异，母亲常年在东莞打工。15 岁的女孩在网上恋上了 19 岁的异地男友，半年内两度怀孕流产，休养期间，男友"蒸发"。

我点开 PPT，出现一只狗和这样一句网络流行语："谁知道网络对面，坐着的是不是一条狗？"

第五个锦囊：花苞

B 是我高中的女同学，才貌俱佳，当时班里两个男生同时爱上了她，但她一直克己自律，专攻学业。两个男生也凝神聚力，用心学习。高中三年，三人的关系一直没打破平衡。三年后，三人分别考入南开大学、复旦大学和人民大学。至于这个女生最后选择了谁，或者两个都没有选择，不得而知。但这已不重要，能在一段复杂的关系中保持得体的人，人生都不会差。相反，那些在爱河里扑腾的，不能延迟满足的孩子，很难做到"爱情事业双丰收"。

这个真实的案例树立了一个正面的榜样，同学们听得且惊且喜。其实，此前我印发过三毛的《匪兵甲和匪兵乙》和丁立梅的《我曾如此纯美地开过花》等文章，这些文章传递出来的积极向上的爱情观，润物无声。我说："三毛是那样地喜欢另一个匪兵，多年之后却忘了他！丁立梅则用唯美的语言表达：'在泡桐花盛开的时节，我自然而然会想起他，我会痴痴发一回愣，而后微笑起来。我望见了我柔软的青春，不后悔，不遗憾，因为我曾如此纯美地开过花，对岁月，我充满感恩。'——这是一种积极的态度。其实，苗老师建议你们向三毛和丁立梅学习：花看半开，酒饮微醺。暗恋是一种最美的情愫，哪怕爱从眼睛里飞出来，嘴巴就是不要说！这对人对己都很安全哦！"有学生小声嘀咕："哦，苗老师就是叫我们把感情控制在闷骚暗恋的范围内嘛！"声音很小，但很多孩子听到了，笑的涟漪就一圈圈地荡漾开来，我也笑了。

最后，我点开 PPT，出示了一朵花苞，写道：花开须有时。暗恋是一种礼貌，暗地里建起一座城堡。在不到开花的时候，请做一朵紧紧拥抱自己的花苞吧！

是啊，情愫暗生正是青春的模样，要死要活的热恋不是中学生应有的样貌。年少时的爱就像晨间的薄雾，朦胧而又转瞬即逝，珍贵又美好。爱是属于心灵的，让人生路上的第一朵花，永远在心田里暗香盈盈吧！

恋爱篇：早恋有风险，入行需谨慎

如果孩子恋爱了，又怎么帮助到他们呢？班会课上，我在黑板上写了"早恋有风险，入行需谨慎"几个大字，孩子们念着，微笑，大笑，相视一笑，笑成一片……我双手一拍，提醒他们安静："如果你们中的哪个孩子把本属于'开在心田里的花'开在生活里了，那苗老师还有锦囊相送，这几个锦囊分别装着——"

第六个锦囊：直尺

学生一旦陷入早恋，很难做到注意场合，把握分寸，因为这些孩子"我的眼里只有你"，别的都被自动屏蔽掉了。如何动之以情晓之以理呢？我呈现了这样的案例给他们看：小辛和小乔谈恋爱了，经常无视同学们的存在，在教室里秀恩爱，搂搂抱抱，打打闹闹，哭哭笑笑，打情骂俏。惹得他人侧目。——你怎么看？

孩子们嚷嚷成一团，表达对此事的反感，王晶晶站起来说："我在很多公共场合里都见过小情侣旁若无人地秀恩爱，感觉他们很浅薄。爱是私密的，把私密的感情拿到公共场合里消费，对自己对他人都是一种不尊重。"这种想法很有代表性，我也点头表示赞同，我说："这就是老师要送你们的第六个锦囊——一把直尺。"

PPT显示：再亲密的关系都要有距离，距离是对自己和他人的保护。你的尺度有多大，你将受伤有多深！未来你们都要谈恋爱，一定记住，不要做让自己讨厌的人。

第七个锦囊：眼神

很多孩子一旦陷入早恋，往往弄得"缠缠绵绵，你是疯儿我是傻"，成绩也不断下滑。我们不提倡早恋，但孩子一旦早恋，如何降低学习下滑的风险呢？早恋一定影响学习吗？未必。

有这样一个案例：多年后中学同学聚会，同学们竟然发现有一对当年的学霸结为伉俪。大家撺掇他们讲讲是如何做到"爱情学业双丰收"的，女孩笑而不语，男孩说："我们都是农村的，那时候定了一个目标就是必须考上大学，一定要离开农村，嘿嘿……"

我笑着打开了PPT，上面是一对男女眼神朝着同一个方向凝望，写道：坏的爱情是你因为一个人失去了一个世界，而好的爱情是你通过一个人看到了一个世界。如果爱了，不要一头扎在爱海里扑腾，爱还有另一种样态——眼神朝着同一个方向看。

第八个锦囊：壶盖

17岁男孩与13岁女孩恋爱中偷尝禁果，导致女孩怀孕。男孩带女孩打胎，医院一问女孩不满14周岁，要求家长签字。女孩的父亲一怒之下报案，男孩因涉嫌强奸幼女罪被批捕。根据《刑法》第236条第二款规定，与不满14周岁幼女发生性关系以强奸论罪，从重处罚。而17岁属于负有刑事责任的年龄，男孩将面临10年有期徒刑。直到戴上手铐，男孩还认为："我们好上了是你情我愿，我又没有强迫她，怎么能说是强奸呢？"

这个案例太刷新认知了，孩子们非常惊讶：后果如此严重啊！恋爱这么美好的事情，居然还会犯法啊！我说："是啊！还有一个初中女孩怀孕，厕所产子，把孩子扔进化粪池里，稀里糊涂就犯了杀人罪呢！"

PPT出示第七个锦囊——壶盖，写道：如果爱了，爱到37.2℃就够了，水温刚好。因爱而性，发高烧，干傻事，请三思后"停"！万一发生"情感的沸水"把"理智的壶盖"顶翻了，必须使用保护措施。

第九个锦囊：伞

孙云晓老师讲过这样一个案例：

一个女孩子问妈妈："我们班有个女孩怀孕了，她每天晚上都做噩梦，她问我要不要跟妈妈说。"这位妈妈随口回答："这女孩真丢人，死了算了！"结果这天夜里，"扑通"一声闷响，这个女孩跳楼了！妈妈追悔莫及，原来女孩是在委婉地向妈妈求助啊！

我无比痛心地给孩子们讲了这个案例后说："孩子们，早孕确实不是什么光彩的事情，一般父母也不会支持，甚至有些父母脾气急了还会责骂孩子。但是，你要知道，这世界上最疼爱你的永远是你的父母，他们是一把伞，晴天为你遮阳，雨天为你挡雨。如果你需要，他们一定是你人生路上的最后一道屏障。"

我打开PPT，是慈爱的大人给一个小女孩打着伞，写道：生命可贵，不可浪费！如果错误你无法承担，记住，父母和老师是生命中的最后一道保护伞！

这节课，温暖中透着一点沉重，的确，爱情不全是花前月下，也伴随着风险和责任。下课的时候，我能看出孩子们凝重的表情。

失恋篇：行到水穷处，坐看云起时

有早恋，十有八九伴随着失恋。中学生由于感情特别纯真，心理承受能力又十分有限，一旦失恋，可能危机四伏：有陷入情网不能自拔的；有痛不欲生以死"明志"的；有因爱生恨反目成仇的……这些都是不足取的。失恋了，怎么办？锦囊继续派送。

第十个锦囊：沙

案例一：2015年4月，在某市火车站，一女孩为挽留男友，在众目睽睽下脱得一丝不挂，而男友看后果断掉头。

案例二：17岁的普某因暗恋的李某喜欢上别人，决定要把李某杀死后自杀。作案后，普某自杀未遂，逃窜一段时间后，到公安机关投案。

孩子们议论纷纷，都说案例一中的女孩傻，案例二中的男孩又坏又蠢。我跟他们谈到《神雕侠侣》中李莫愁对陆展元的因爱生恨和民国时期金岳霖对林徽因的"逐林而居"，我说："付出型人格的爱，是我爱你不得，我守望你，祝福你；索取型人格的爱，是我爱你不得，我控制你，伤害你，伤害自己。——无论哪一种，都不如放手！"我又说："面对失恋，苗老师要送你们一个锦囊：沙！"

PPT显示：握不住的沙子，索性洒掉它！失恋不失态，是一种自我关怀；失恋不失志，是一种修养和升华。失恋并不意味着失去一切，特别是，不要因为失恋而失去爱与被爱的能力。

第十一个锦囊：山峰

我对学生说，我们做两个小测试哦！

第一个测试，我给学生三张图：独山、泰山、珠穆朗玛峰。我说："爱情如登山，一座神奇秀丽的大山，犹如心仪的对象。想象你是一座山，你是哪座山？"

男孩大多选择了泰山，原因是泰山是五岳之首，算是成功的标志了；独山太"家常便饭"了；珠峰太"高处不胜寒"了。而女孩大多数选择了珠峰，表示不轻易要别人登上。

第二个测试，我问："换个角度，如果你是攀登者，你会选择登哪一座山？"

这次无论男孩女孩，大多选择了攀登泰山，理由是：学校就在独山脚下，想去就去了，获取成本如此之低，一般人也不会珍惜；而泰山引人神往，值得征服，认真准备，可以拿下；而珠峰对攀登者个人的条件要求太高，多数人表示没信心。

我继续说："有这么一个说法：如果你小学谈恋爱，你的另一半在本村；如果你初中谈恋爱，你的另一半在本镇；如果你高中谈恋爱，你的另一半在本县；如果你考上大专，你的另一半可能在本市；如果你考上本科，你的另一半可能在本省；如果你考上985，你的另一半在全国选……范围越大，选择余地越大，遇到适合的人的可能性也越大。"

我打开PPT，上面是一双登山的脚，写道：能力匹配才会彼此选择。爱与被爱，都指向自我。眼光有多远，未来有多远；双脚走多远，世界就有多大。

十一个锦囊，都倾囊相送了。爱情课程是否到此为止了？没有。还有一些问题没解决，还有一些思考需要深化。

转身篇：你若精彩，天自安排

爱情课程开到这里，一直向着我预设的方向走去。我该如何把爱情课程变成"缘溪行，忘路之远近，忽逢桃花林"的心灵探索之旅呢？我该如何引导学生明白：爱一个人最终只是指向自我成长呢？

一、启动电影课，感悟心灵成长

我一直喜欢电影《怦然心动》，这不仅是一部关于早恋的电影，还是一部关于心灵成长的电影，电影中表现出来的美好，像晨光中的花园，清新、温暖。周五，我给学生布置了一个特殊作业：回家看经典爱情电影《怦然心动》。观影之后，我们要完成两项任务：（1）找到一个最触动你的地方，可以是台词，可以是情节，就此阐发开去，写一段感悟，300字以内即可，重在言之有物。（2）周一返校要讨论，我们从《怦然心动》里感悟到了什么。

周一孩子们纷纷走上讲台，分享自己的感悟，我欣喜地看到他们的思维像章鱼的脚，向四面八方延伸开去。

崇旭：好女孩就是一所学校啊，朱莉就是布莱斯的学校！

煜卓：我喜欢朱莉，她忠于自己的心灵，在一件件事情中看懂了她对布莱斯的爱；我也很喜欢布莱斯，他渐渐地明白朱莉的独特，知道了自己不可以这么轻视别人的爱。还有在《平凡的世界》里，孙少平不喜欢侯玉英，但他渐渐学会了尊重侯玉英。这都启迪了我正确地认识爱情，尊重他人。

若霖：我感触最深的是梧桐树要被砍掉的那段。之前，都是朱莉的一厢情愿，之后，两人的感情有了新的调整。这让我意识到，朱莉是多么难得，她懂得审视自己的感情。

　　自信：朱莉和布莱斯的爱情就像压跷跷板，背后的原因不是简单的"我对你好，你就躲我；我不理你，你偏追我"，而是心灵成长的步伐不一样。朱莉虽然深爱着布莱斯，但她没有像张爱玲爱胡兰成那样"低到尘埃里"，她有自己的思考，并且越来越能在精神上引领布莱斯了。

　　奕嘉：外公对朱莉的赞美，启迪了布莱斯重新认识朱莉，也启迪了我去思考：在遇到那个彩虹般绚丽的人之前，为什么不努力也变成彩虹呢？

　　……

　　孩子们表达着他们的思考，一种美好的情愫在课堂上升起，穿堂风轻轻飘过，我把同学们写得很触动心灵的句子投影在大屏幕上，孩子们轻轻地读着，每个人都有了自己的"怦然心动"。我想，对于早恋，孩子们真的没必要"爱过知情重，醉过知酒浓"去体验一把才知道是怎么回事，优秀的电影总是浸透着无穷的思考，让孩子们通过主人公的境遇，照见自己吧！

二、启动"我的爱情长相"活动

　　通过观影，孩子们初步理解了成长对爱情的意义。那么如何深化这层意义呢？我顺学而导，顺势而为，进一步深化爱情课程。

　　我布置了一道特色作业：描绘你的爱情长相。（1）上网搜索你欣赏的爱情和特别不认同的名人、影视作品人物的爱情3～5例；（2）写一篇700字左右的小论文，谈谈你理想的爱情长什么样。（3）最后用一个富有哲理的句子表达自己的爱情观，可以原创，也可以引用。

　　于是，林徽因和梁思成、钱钟书和杨绛、胡适和江冬秀、鲁迅和朱安、郁达夫和王映霞、沈从文和张兆和等民国文人的爱情故事纷至沓来；郭晶晶和霍启刚、陈道明和杜宪、邓超和孙俪等社会名人的爱情故事也应有尽有；《射雕英雄传》《神雕侠侣》《倚天屠龙记》《一个陌生女人的来信》《山楂树之恋》《神话》《泰坦尼克号》《唐山大地震》《花木兰》《金婚》《中国式离婚》等文学、影视作品里的爱情也被搬进了论文。

好的爱情长什么样？看看孩子们的爱情观吧。

在遇见最好的人之前，先成为最好的自己。

爱情不是一个人的小心翼翼，而是两个人的势均力敌。

我爱你，不光因为你的样子，还因为和你在一起时，我的样子。我爱你，不光因为你为我而做的事，还因为为了你我能做成的事情……

爱是"你若盛开，蝴蝶自来；你若精彩，天自安排"；爱是"不要去追一匹马，而要用追一匹马的时间去种草，待春暖花开时，能吸引一群骏马来供你选择"。

……

到这里，孩子们才发现：自己才是一切的源头，爱与被爱都指向自我。不知不觉间，我们的爱情课程内涵扩展了！

三、今天，我们如何与异性交往？

当学生基本上理解了"早恋那点事"之后，我水到渠成地引导同学们思考：今天，我们如何与异性交往？遇到有人爱慕如何反应？孩子们讨论总结如下：

（1）与异性交往有利：不是哪一种男女交往都会发展成早恋的；与异性交往有利于智力上的取长补短；有利于个性上的互相丰富；有利于活动中的互相激励。

（2）与异性交往有礼：端正交往动机，发展健康关系；热情而不轻浮，大方而不庸俗；衣着整洁，语言文明，举止得体，真诚坦荡，不自作多情。

（3）与异性交往有距：尽量少单独与异性相处；若单独相处时，应选择合适的场所；保持一定距离，身体不要接触哦！

我能感觉到，经过这一趟心灵探索之旅，孩子们已经能比较理性地看待爱情了！

四、修炼男神女神活动

通过这一系列活动，最后指向了自我修行：将来要想得到男神/女神青睐，你必须修炼成女神/男神。怎样修炼呢？从三个方面看：

（1）同性看同性，分别用五个关键词概括你最欣赏和最不欣赏的性别特点；

（2）异性看异性，分别用五个关键词概括你最欣赏和最不欣赏的异性特点；

（3）各自拟定"我的男神/女神攻略"十条。

周五布置作业，下周一上交，孩子们评选出的"男神"有如下特点：干净整洁、礼貌绅士、博学多才、理性宽容、热情大方、积极进取、温柔体贴。而那些"糠萝卜"没内涵的、"妈宝"生活不能自理的、"葛朗台式"小气自私的、"牛皮大王"和"花花公子"类的男生惹人嫌。而女生最招人喜爱的特点则是：温柔、善良、漂亮、可爱、多才多艺。相反，拥有这些特点的女生大家不喜欢：故作高冷范儿的、缺乏同情心的、自以为是的、长舌搬嘴的、花钱似水的、无分寸感的、懦弱无用的。

其实，总结到最后，我们发现，男神也好，女神也罢，共同点可用五句话概括：身体倍儿棒！心态阳光！习惯优良！品德高尚！学习力强！

是不是很押韵？押韵的句子容易上口，也容易记忆。

最后，我让学生用A3纸制作成海报，在教室外的文化墙展出，三个栏目各有要求。栏目一：我的男神/女神攻略，写十条；栏目二：我的爱情格言，写一句，可以自创，可以引用；栏目三：我的靓照，贴上自己的五寸照片一张。

我们的爱情课程持续了整整一个学期，以爱情为主线，把"性知识教育""早恋""自我""成长""青春"等很多主题都融进了这个课程里，开启了一趟神秘而美丽的自我探索之旅。

五、无法预设的精彩

课程进行到男神女神打造阶段，发生了件特别动人的事情。

韩若霖等同学表达了对五个女神——我们习惯称"五妮"的仰慕和压力感。这个说法得到了极大的共鸣，是的，"五妮"太优秀了！"五妮"中的王晶晶、宋奕嘉一一给韩若霖拥抱，并给大家讲"人非生而优秀，不过是努力修行"的道理，场面非常感人。而某同学却"不知死活"地来了一句："女神有什么好稀罕的，不就是成绩好吗？我要是像她们那样死读书，我也封神了！"这句话激起了"五妮"中的张自信的愤怒："是吗？好，你现在就开始'死读书'！期末我们就比一比，看你能不能赶上我！"某同学被迫迎战，说："比就比呀，谁怕谁！"

同学们分成两派，纷纷"参战"，这是致远班最激烈的一次辩论。我饶有兴趣地看着他们吵得面红耳赤，想让子弹飞一会儿。为了把理辩清，我跟下一节课的老师换了课，继续开班会，我让孩子们把心里想的梳理出来。他们纷纷拿出自己的文章，探讨什么是真正的男神女神。最后，张自信以这样的一篇文章定乾坤：

我在封神的路上等你们

"女神有什么好稀罕的，不就是成绩好吗？我要是像她们那样死读书，我也封神了！"某同学，我想问问你，果真如此吗？

总有一些人，把我们描绘成东方女巫，驾着一片乌云而来，碾压过你们那脆弱的玻璃心。可是，你们知道我们的追求吗？你们知道我们的付出吗？

当你们在等着混张文凭进职高时，我们想的是怎样跻身南阳市前十名！当你们在浑浑噩噩混日子时，我们在争分夺秒撸起袖子加油干！当你们在作业中偷工减料妄图逃过老师的法眼时，我们在给自己加作业！女神们真的像你描绘的那样只会"死读书"吗？睁开眼睛看看，我们哪个不是德才兼备全面发展的至美少年啊？我自信，是因为我优秀！我优秀，是因为我努力！我不知道我是不是女神，但成为女神却是我毕生的追求！我知道，成为女神还需要我更为严格的自律，对自己狠点，才有可能封神！

　　反过来，再看看你！你今天在我们面前没有底气，完全是因为你对自己毫无要求！你，还有你们当中的一些人，见到大人，连话都说不利索；安排值日，连地都扫不干净；上体育课，跳远都跳不过一米；学习上遇到了困难，就地倒下"卧床不起"，还要故意给人造成一种"我很聪明，我只是不想学而已"的错觉。你们说你们不屑于当男神，那是因为你们不敢！你们怕努力了也当不了男神，还把你们唯一的遮羞布"我很聪明"也弄丢了！你们是吃不到葡萄说葡萄酸！你们是多么虚荣、多么可笑啊！

　　某些同学，别自欺欺人了，赶紧奋起直追吧！我在"封神"的路上等着你们！

　　张自信的这些话，说得掷地有声，激起了经久不息的热烈掌声，她的话戳破了当时班级的顽疾：有些学生不能脚踏实地做更好的自己。这次班会课成了致远班学习上的转折点，从此学生们开始俯下身子充实自己干瘪的头脑，为成为男神女神而努力了。

　　好的教育，就是神奇的照亮！这些，是我最初设计课程时没有想到的。从后续的观察来看，致远班的同学确实变得更文明、更理性、更积极进取了，早恋现象也相对少了。即便有早恋倾向的，也表现得比较理性。

实操篇:"我喜欢过你,我由此成了更好的自己"

爱情教育要走在爱情的前面,然而,即便是开了爱情课程,仍然不能"杜绝"爱的萌芽。如果有了苗头,记住:堵不如疏。

一、搜到情书

英语课上,王老师从一个男孩旭的手里"抠"出来一封情书,字里行间充满了对女生溪的思念。你难以想象,一个学习上缺少毅力的孩子,写起情书来居然那么才华横溢。

课间,溪到办公室交作业,我把那封情书给了溪。溪阅读着,细长的眉眼里蓄满了笑:"老班,旭追莉的时候,也是这样写的。"绵绵的情意顷刻被这"一信二用"的行为消解了,我也忍不住笑了,说:"如果旭真的是给你写的呢?"

她笑着摇摇头:"我还小,我只想学习,我离目标还有距离呢!旭以前就跟我表白过,我都拒绝了。"溪是一个文静美好的女孩子,说话梨涡浅笑,这样可爱的女孩被人爱慕,实在是正常不过。

我放下心来。青春期的女孩发育得比男孩早一两年,所以早恋不早恋,女孩是关键。如果女孩子"八风吹不动,端坐紫金莲",那班主任就可以"垂拱而治"了;如果女孩一副"暖雨晴风初破冻,柳眼梅腮,已觉春心动"的样子,那就麻烦了。

二、约谈男生

中午,校园里很安静。我把旭叫到花坛边,开门见山地说:"旭,我已经读过你的信了，谈谈你是怎么想的吧！"旭不好意思地低下头，后来鼓起勇气说："老班，我是真心喜欢溪……"我说："你喜欢她什么？"旭说了溪一大堆好话，我听得简直像听另外一个人，我忍不住了："停停停！怪不得你这么着迷，你看到的都是美化过的溪嘛！作家权延赤中学时代爱上一个女孩，女孩恰好也喜欢权延赤，于是，月上柳梢头，人约黄昏后。不料女孩放了一个屁，权延赤当即就呆住了，他不能接受仙女居然会放屁，后来就没有后来了。一个屁崩走了一场爱情，这叫真爱吗？人无完人，她怎么可能没有瑕疵呢！老班给你一个任务，以后也找她十个缺点，看你还喜不喜欢她！"旭小脸憋得通红，分辩道："老班，我跟溪坐在一个教室里一年半了！我了解她！可是，我还是喜欢她。"

我想起了名班主任任小艾的一个案例，想借来用用，就转移了话题："刚走进初中时，我们把理想放进时光胶囊。我记得你的目标是考五中，你都宣誓了对吧？可是现在，才一年半时间，你又是莉又是溪的！你知道吗？坠入情网是世界上最消磨意志的事情了！一年半以后，你就看着别人上五中吧！不过呢，到时候老班还要祝福你，毕竟你获得了美好的爱情。可是呢，像你这样聪明的孩子，你会为自己感到遗憾的：失去的是那么珍贵，而得到的似乎也没有那么美好！再有一个呢，哪个女孩会喜欢上一个只会谈恋爱事业上却一无所成的男孩呢？到那时候，人家那么优秀的女孩，看你什么都不是了！你想是不是？"

旭若有所思。我话题一转："溪看过你的信了，她说你追莉时，也是这么写的。"旭涨红了脸，一口否认："我没有！"我语气和缓了些，说："拿着同一封情书抄给两个女孩，是对爱情的亵渎。不过，你以前喜欢过莉，同学们都知道。"我旧事重提，不是为了让旭蒙羞，而是提醒旭，他现在的感情"像云像雾又像风"，溪也可能像莉一样，成为偶尔投入波心的"一片云"。但是，旭还是一副心有不甘的样子。我沉思了一会儿说："这样吧，明天就是我们的爱情课程主题班会课了。我征求你的意见，能不能把你的故事改造一下，让同学们讨论讨论，你也听听大家的意见？"旭很爽快地同意了。

三、设计班会

送走旭,我埋头设计下一节爱情课程,把旭的故事"乔装打扮"了一下,设计题目如下:

初中男孩涛陷入了极大的矛盾中:他喜欢梅子很久了,他多次对梅子示好,可是梅子从不为所动。涛陷入了单相思的痛苦中,他给梅子写了一封信。可是现在情书拿在手里,涛很纠结,要不要表白呢?

班会课上,同学们各抒己见。在事不关己的情况下,他们都表现得跟爱情教母似的。最终达成共识:不表白!梅子要是喜欢涛,两人早就对上眼了,还用等这么长时间吗?涛应该把对梅子的好感转化成学习的动力,提升自己,把"爱"控制在"暗恋"的范围内。

我注意观察旭的表现,他认真地聆听着大家的发言,脸上红扑扑的。

最后,我放了一个小视频,解说道:曾经,有人为捕蝴蝶,拿着捕虫网不停奔跑,终于在气喘吁吁中抓到几羽。可是,蝴蝶在网里挣扎着折翼断足,哪有美丽可言?这叫强求,求之不得。另一个人也很喜欢蝴蝶,他种了满园的鲜花,闲来静静地坐在椅子上,望着蝴蝶翩翩飞来。这叫吸引,不请自来。

孩子们都陶醉在"蝶恋花"的小视频里,PPT上显示:强求,是从自我需求的角度出发,忽略了规律;吸引,是从自我完善的角度考虑,顺应了情理。

我温和地说:你们这么小,你们的人生还不定型,对方的人生也不定型,你怎么知道谁是适合你的人呢?也许你因为牵手了一个80分的人,错过了一个100分的人。而那个80分的人呢,因为你们的感情管控不当,分数降到了60分以下,这样的例子不是没有啊!

说完,隔着一堆毛茸茸的小脑袋,我给旭递过去一个心照不宣的微笑,旭会意。

四、因爱升华

就在当天晚上,我收到了旭的第二封"情书",电子版的,依然很长,很文青气，我压缩如下：

溪，我仍然喜欢你，拣麦穗和捕蝴蝶的故事，触动了我；同学们的忠告，也让我回味再三。可是，我做不到"优雅地转身"。不过，我愿意为你把爱留在心底，我愿意为你改变自己。我偷看了你的男神标准，你喜欢讲卫生的人，我就决定改变之前的邋遢。学习上，我要向你看齐。我看了你领航标上的目标，我想告诉你，现在，这不仅是你的目标了，也是我的目标，我心里有着燃烧不完的力量！

最难的是，我要改变体型。因为你的"女神攻略"上说，你喜欢的男神是热爱运动的"型男"。现在，我不再逃避体育锻炼，我咬着牙也要跑完操。我要甩脂，我要甩掉"大胖"这个"江湖称号"。

我决不要做那个瞎忙的捕蝶人。也许，漫长的沉默之后你就会看到我的绽放。待我修行成功，你再走进我的世界吧！以后，我不会再打扰你了。这也是我对老班的承诺。

这封"情书"的落款是"永远等你的旭"，看得我唏嘘不已。旭也是个长处多多的男孩，但在溪面前，却低到尘埃里！我意识到，一旦爱情萌芽，不是你开了课程，就能规避开所有问题。"抽刀断水水更流"才是爱情的真实写照！

记得在钟杰老师的文章里读过这样的话："有关早恋有害的理论知识，我可以立刻现场直播，但是要我帮助学生及时排解心里的烦恼，却不是我能够立刻做到的，我是过来人，明白情关难破。不论外人说得多么理性，要拔出心里的刺还需要一个过程。所以除了理解、体谅、温暖鼓励之外，便是陪伴与等待。"细思量，只能如此。

旭妈也打来了电话，问我她需要怎么配合。我说，对于这件事，我们已经不需要再过多干预了，我们不能制止一个人喜欢另外一个人，亲妈不行，班主任也不行。但是，我们可以引导孩子变得更优秀。旭爱上了溪，但他并没有沉沦啊！相反，因为喜欢一个女孩，他发生了可喜的变化。这怎能说不是我们体谅、引领、陪伴和等待的收获呢？

旭是那么喜欢溪，这是致远班公开的秘密。他经常给溪献点小殷勤，被溪不冷不热地怼得一脸没脾气。溪呢，始终方寸不乱，一如往常地微笑着，端庄着，努力着。在男孩子面前，她像花蕾一样，收敛自己的幽香，包裹自己的花瓣。我们班打造男神女神的活动，需要做手抄报，旭的手抄报上写着："爱是两个人的势均力敌，不是一个人的小心翼翼。"溪的手抄报上写着："爱惜芳心莫倾吐，且教桃李闹春风。"——看到这些，我放心了。

而整个班级，因为受过爱情教育的洗礼，同学们都能正确地看待青春的萌动，班风正，学风浓。月考，致远班成为全年级进步势头最迅速的班级。其中，旭进了7个名次，溪进了12个名次，加入了领军团队。

年底，南阳市电视台要来班级采访。在电视上，旭说："新年我有两个愿望，一个是减肥，一个是把成绩提上去……"那段视频我到现在还保存着，我知道他背后的故事，有些感动，这个本心淳朴的孩子！

五、情书无解

旭和溪的故事，发生在南阳实验学校我带的致远班。我一边观察一边记录，相继发表在我的公众号上。2020年7月份，我从厦门返回南阳，旭考入南阳第四完全学校，比溪考得还好！他来我家看我，带来了去内蒙古旅行买的奶糖、奶条，最逗的是送我一条粉红色的鄂尔多斯的羊毛围巾，我很诧异。小屁孩儿心里有话憋不住："老班，这条围巾其实是给溪买的，她不要，我就给你了……"我大笑："呦，拿女孩子不要的东西给老师！——四年了，还贼心不死？"他不好意思地一笑，说："以前我追溪，人家都说，哪有学霸女喜欢上学渣男的事？这句话我一直记着，我这两年一直努力，现在我的成绩超过溪了……"我问："这是你学习的动力吗？"他点点头又摇摇头："算是吧！……不过也不全是，我也爱学习……"我感慨旭有君子之风，也为他变成了更好的自己倍感欣慰：我当初的疏导是有价值的。

对于旭和溪，未来怎么样，谁知道呢？我不能制止一个人喜欢另一个人，那不是以我们的意志为转移的。但是，我可以引导着学生，在遇到最好的人之前，先变成最好的自己。

　　微风吹来，羞答答的玫瑰静悄悄地开。我在陪伴，在体谅，在引领，在等待。剩下的，交给时间吧！

创意六

家校活动，
让家长成为我们的教育合伙人

家长和老师都是为了孩子的健康成长而成为教育合伙人的。但不能想当然地认为，家长总是很配合教师的工作，也不能想当然地认为，教师总能驾轻就熟地处理家校关系。关系是需要经营的，我们需要掌握一些方法，优化家校关系。

与家长建立联系,需要这些"基础建设"

班主任培训会上,主讲人邀请现场的教师配合做一个小游戏,我举手参加了:第一轮,主讲人跟我拼命拉手朝向不同的方向拔河,费了九牛二虎之力,结果"不是东风压倒西风,就是西风压倒东风"。第二轮,他悄悄说:"我一拉,你就过来。"我点头微笑,果真他轻轻一拉我就过来了,我俩握手向大家致谢,在场的教师们都发出了会意的笑声。主讲人笑道:"刚才,苗老师扮演的角色是家长。家校之间,是教育合伙人的关系。家校之间,不该是角力拔河的关系,而应该是朝着一个方向努力,抱着一致信念:一切为了孩子!"

朝着同一个方向,我们能做些什么?

一、建立班级微信群

合伙人得有个群吧!班级微信群是家校联系的便利贴,开学初就要建好微信群。流程如下:

扫码进群:班主任把二维码张贴在教室门前,家长扫码进群,群名称以"××学校几年级几班"来命名,班主任名为"班主任苗老师+联系电话",家长名为"学生姓名+爸爸(妈妈)",这样一目了然,方便查找。

明确群规:班级微信群建立后,班主任有约在前。比如:(1)本群主要用于发布有关学校或班级教育教学的活动,展示表现优秀的学生的文字、图片,传达有关学生的各种信息。如老师没有要求家长回复的,无需回复。(2)不在群里讨论个别问题,家长对学校的做法理解有偏差时,当以建立合作互信关系为主,私下沟通。

使用方法：把家长群置顶，适时配文字发送孩子们进步的、愉快的、精神面貌良好的图片，及时回复家长的信息，如有家长情绪激动说了不利于团结的话，及时与家长打电话沟通，获得理解，并在群里作出统一说明，消除误会。

二、用好家委会

现在，有很多学校班级都组建了家委会。但就我所知，很多地方的家委会流于形式；而一些教育落后的地区，班主任连"家委会"这个词语都没听说过。其实，家委会真的是一个很好的组织，需要用心去经营。

巧选家委会：不建议全盘照搬前任班主任的家委会，要自己组阁。可以对学生说，家委会成员是一群热心有爱的天使，如果你的表现好，你的爸爸或妈妈就可以成为家委会成员，以此调动学生的积极性。一边暗暗观察哪些家长通情达理，有较为充裕的时间，有服务意识，然后在合适的时机给她发信息："××妈妈，老师们一致认为您热心细心，推荐您做家委工作，可否加入我们的家委会？"如非特殊情况，接到信息的家长都会欣然参加。

培训家委会：组阁之后首次见面，聊聊家委工作的内容、性质、意义。（1）家委会是班级经费收支的大管家，需要一个会计，日常购买纸巾、绿植、班服等，以及需要收取一些活动费用；（2）家委会是班级活动的义工，本年度有几次大型活动，需要家长服务；（3）家委会是维和部队，面对偶然出现的家校纠纷，如果班主任不方便出面，需要家委会出面调停维稳等。总之，家委的主要任务是提供教育教学辅助工作，是班主任的后勤部队，家委的工作旨在让班级的管理更加高效，让班主任有更多的精力进行教育教学，提供优质的教学服务。

感恩家委会：家委会做很多事情，如果不被"看见"，也会感到失落，我会在每次家委为同学们做了事情的时候，拍照发微信群，并配上一些文字感谢家委；还可以让孩子写感恩卡，用情真意切的表达，传递班主任的一份感恩。尤其是家委做了很多事情，在公平的前提下，要让家委的孩子在成长上有获得感，这也是人之常情，无可厚非。

三、用好家校联系本

家校联系本不是一个新生事物,很多教师都在用,但如果仅仅把它当成一个布置作业的平台,久了便失去了魅力。其实,家校联系本稍加改造,便可以发挥出更大的作用。

在走读学校时,我设计了一个家校联系卡,给它取了一个动人的名字"心桥",并配上了一些漂亮插画与文字。

"教师从桥上走过":记录家庭作业,如果孩子有优秀表现,就留言夸奖;如果孩子在校表现特别突出,可以结合电话报喜,给家长添上一份小确幸。

"学生从桥上走过":记录学生家庭作业的完成情况,有趣好玩的事情,或者内心里的烦恼,便于老师走进童心。

"家长从桥上走过":家长给老师的留言。

动了这一点点小心思,就给孩子们创造了一个自由演说的空间,依据孩子们的诉说,家校在联手培养孩子积极的人生态度的同时,也提高了他们的语文素养。

其实,这个本子不仅适合走读学校,寄宿制学校的孩子一周回家一次,也适用。

四、开好家长会

家长会每学期至少开一次,这属于教学常规。家长会开得好,可起到凝聚人心、团结班级的目的。那么怎么开好家长会呢?

明确主题:新接班重在凝聚人心,主题可定为"携手共赢,殷殷护花";孩子有叛逆苗头,主题可定为"感恩父母,珍惜生命";父母陪伴不够,主题可定为"陪伴是最好的教育";孩子浮躁,后劲不足,与书香氛围不足有关,主题可定为"书香润心灵,阅读促成长";大考过后,帮助家长分析成绩,主题可定为"先养习惯,再谈成绩"……有了明确的主题,内容就容易聚焦。教师言之有物,家长听有所获。

布置会场:开家长会前,布置好教室,设计好黑板报,上书"爸爸妈妈辛苦了""你陪我长大，我陪你变年轻"等大字，营造氛围。每个学生自制一个桌签，写上自己的名字，家长坐在学生的位置上，也有利于班主任认识家长。桌子上整齐地摆放着学生的优质作业，供家长翻阅，让作业"说话"比教师说话更入心。

邀请家长：如果安排家长发言，要提前写邀请函："××家长，由于你的孩子在校表现优秀，特邀请您在家长会上发言，您的发言会使孩子无比荣耀，也会给我们的工作带来鼓励和动力。"这样，不但家长不会推脱，而且有利于树立良好的班级舆论。

形式创新：提前让学生写封感恩信，也安排家长给孩子写一封信。设置一男一女两位主持人，安排两名接待员在校门口站成两列，接引家长到教室门口；安排两名服务员，为家长端茶倒水。这样既能使家长感受到尊重，也使学生提高了服务他人的意识。可以开分层家长会，给予不同学生家长不同的目标和指导；如果是团队展示型的家长会，可把教室的桌椅移到室外，教室留下空地，摆上小板凳，孩子坐两侧，家长坐后排。孩子们在教室中间的空地上表演节目给家长看。还可以安排互动环节，如家长和孩子的集体朗诵。

五、请家长进课堂

每一位家长都是一笔宝贵的财富，如果能广开渠道，邀请不同行业、不同特长的家长走进班级，从不同角度为学生设计课程，不仅可以拓宽学生的视野，有利于学生的全面发展，还能提高家长的积极性。

"张仲景医药行"课程开展前，我邀请擅长中医推拿的韩俊逸爸爸参会，他不仅给大家介绍了中医知识，而且还别出心裁地设计了一个中药知识竞答比赛，答对有红包；如果集体答出来的话，就"天女散花式"发红包，把孩子们高兴坏了。我上《琥珀》一课时，陆莲梵妈妈带来了很多白垩纪及第三纪砂砾岩中珍稀的琥珀样本，并制作了很多小卡片，来讲解琥珀的产生、演变、发掘、保健功效等相关知识，让孩子们大开眼界。

请家长进课堂还可以是让家长帮忙做一些事情，比如班主任和教师都很忙的时候，可以请一些素养高也乐于付出的家长做一日班主任。

家访，从心出发为爱抵达

家庭是孩子成长的第一教育环境，家访有助于了解学生的成长环境和家长的教育模式，是因材施教的突破点。同时，家访也把教师的育人理念带进了家，搭建了家校联系的暖心桥。所以担任班主任以来，我尽可能到每个家庭都看一看。2017年，我带致远班，班里几乎所有学生的家我都一一登门家访，东到飞机场，西到百里奚路，南到溧河店，北到独山下，我差不多把南阳城跑遍了。我渐渐地总结出了"家访三要诀"。

要提前预约，充分备课。让学生写好详细的家庭住址和联系电话，让孩子和家长都有思想准备，去之前捋清学生情况，列好交流提纲，以保证有的放矢、思路清晰。要尊重家长的意愿，如果有家长因特殊情况不接受老师家访，可以邀请他们到学校交流，不可强人所难。

关注细节，适时告辞。看看孩子房间的采光度、书桌材质、阅读书籍的类型等，这些环境透露出的信息最接近孩子的真实状况，据此进行的指导才更有价值。注意看表，聊30分钟就可以了，避开饭点，适时告辞。

基调温暖，多给信心。到家从表扬开始，先暖好场，然后询问孩子的过往情况和今后打算等，提出建议和具体指导，点到为止，不要尬聊，不要试图把所有问题都解决。

我以一个具体案例来说说家访中我做了什么，帮到了孩子什么，又是如何与家长沟通的。

兵兵哪里去了

致远班有个插班生叫兵兵，开学第二个星期才报到，进教室就问题不断。在多次教育无效后，我进行了家访，我要实地看看孩子背后的家庭是什么样的。

第一次家访：爸爸哪里去了？

一进兵兵家，就发现不对劲：家庭富裕，却不够温暖；兵兵爸就在卧室里，明知道老师家访却不出来。当我委婉地提出疑问，兵兵妈却支支吾吾把话题岔开。我不便多说，就说，教育必须形成合力，兵兵爸不怎么管兵兵，单凭你一人之力怎么行呢？兵兵妈欲言又止。

我提出到兵兵的卧室里看看，一走进卧室，就发现问题了：卧室正上方挂着的枝形吊灯，能变幻出四五种颜色来，但没有一种颜色适合学习；书桌摆在床尾，无论怎么坐都是逆光；更离谱的是，兵兵的书桌竟然是一张麻将桌，上面覆盖着一大块厚墩墩的玻璃，冷天趴上去多冻手啊！我联想到兵兵经常完不成作业，完不成作业固然有多种原因，但学习环境差的原因也不可低估。我对兵兵妈说，尽早给孩子换一张新书桌，买一盏小台灯。

第二次家访：兵兵离家出走了！

清明节假期，兵兵离家出走两天了！问及原因，是兵兵妈认为兵兵谎报成绩，暴打了兵兵一顿，兵兵一怒之下夺门而出，杳无音讯。我告诉兵兵妈，兵兵没有撒谎，他确实进步了，兵兵妈后悔不迭。

我帮忙一起寻找，颇费了一番波折，六天后，兵兵找到了。兵兵妈想把兵兵送回学校，我提出一个条件：让兵兵爸见我。兵兵妈这才告诉我：兵兵是她和前夫的孩子，前夫跟别的女人跑了，兵兵寄养在外婆家直到九岁。后来她再婚，兵兵才被接回来，他成了这个"新家的客人"。这个家庭有四个孩子，被爸妈分成三堆：你的、我的、咱俩的。别的孩子都争气，兵兵成了垫底的，连四岁的小弟弟都看不起他。兵兵妈恨铁不成钢，经常对兵兵大打出手。

这次，兵兵一气之下在外流浪了六天。白天，饥一顿饱一顿；晚上，就悄悄溜回阴冷空旷的地下车库，蜷曲着身子过夜。宁肯挨饿受冻，也不愿回家。

了解到这个情况后，我不再苛求兵兵：一个孩子，连基本的爱都得不到，怎么能安心学习呢？一定要让他得到爱，被爱的孩子会变得聪明。

晚上，我和他们一家人促膝座谈。在家访中得知，兵兵后爸不仅是我的老乡，还是我堂兄多年的老朋友。我开导兵兵爸说："你呀，你比兵兵妈大那么多，你得多宠着人家！你还要对兵兵好，你接受人家妈了，也要接受这个孩子嘛！互相嫌弃两张皮。兵兵为什么不回家？因为家庭不温暖！兵兵非常渴望父爱，他崇拜你，你要接纳他。如果兵兵不成器，将来还是连累他妈妈和他弟弟，也就是你媳妇和你儿子，你也不安生呀！"

我对兵兵妈说："孩子要一点一点地改变，你敞开心扉，给兵兵写一封信，取得他的理解。像兵兵现在的情况，你想找到他的缺点批评他，一点都不费劲，但是有用吗？只能招致他的抵触。不如立足于孩子现有的基础，找几个优点表扬他，我不信你老夸他他还和你做对。你帮兵兵找到20个优点，打印两份，一份贴在床头，给兵兵看，让他强化优点；一份贴在客厅，你们全家看，学会接纳。"

我劝说兵兵："你爸挺喜欢你的，他只是不会沟通，你主动点，每天见他就微笑，问好。妈妈也喜欢你，只是她当年有太多的不得已，你敞开心扉给妈妈写封信，把心结打开。"

后来，我又买了一本王东华的《发现母亲》送给了兵兵妈。兵兵妈说："苗老师给我也上了一课，我这当妈的不合格啊！"

第三次家访：春天仿佛在路上

一个月后，兵兵再次挨打负气出走，这次是因为兵兵偷家里的钱上网。兵兵妈给兵兵打电话，他要么关机要么不接；兵兵妈没辙，向我求助："苗老师，我下手有点重，可能伤了娃儿的心了……"

我就一条一条地给兵兵发短信，终于，他答应见我。他流浪了三天，也饿了三天。我看了他的伤，兵兵妈不是"下手有点重"，而是武功太高强，一般人吃不住。我把兵兵带到一家快餐厅里，吃过饭，他说："苗妈，我跟你回家吧。"

我说："那当然，一会儿我送你回家。"

他却说："我的意思是，我跟你一家！"

我的眼角真的湿润了，特别心疼他。我说："兵兵啊，苗妈的家永远向你敞开，你想来，随时来。但是你还是要跟你妈妈和解。你想啊，当年是你爸爸伤害了你妈妈，你妈妈吃了那么多的苦，净身出户，唯一带走的就是你，你是她前半辈子唯一的一点收成，你要不跟她了，她会觉得自己前半辈子一无所有。你说苗妈说得对吗？……这样吧，今天，你就住在我家。明天，要不我送你回家？"

他说："那行吧。"

当晚，他就住在我家了。我打开热水器，让他洗澡，给他整理床铺。

第二天，我送他回家，说得好好的，把他送回家我就走，结果我一走，他也要走！兵兵妈说："苗老师，要不你在我家住下吧！你看，外面还下这么大雨。"看着兵兵一家期盼的眼神，听着窗外哗哗的雨声，想到我明天还要上课，兵兵家离学校不远，而我回家则要"长途跋涉"，我就留了下来。平心而论，我无意介入别人家的生活，但兵兵不仅是他父母的孩子，也是我的学生，在心灵上，他是一个无家可归的可怜孩子，我有责任帮助他。而且兵兵爸跟我还是老乡。

当晚，兵兵妈买来了成套的洗漱用品、护肤品给我准备着。因为连降大雨，兵兵一家都强烈要求我住下，我在他们家住了三天，跟兵兵同吃同住。早上，兵兵妈把熬好的粥端上餐桌，兵兵爸妈和我有说有笑，兵兵爸喊我妹子，兵兵妈喊我姐。——兵兵爸比兵兵妈大16岁。

兵兵爸说："妹子，你不但是兵兵的老师，也是我和兵兵妈的老师，兵兵要不是遇见你，就毁了。"兵兵妈说："姐，以前我常常担心俺们这一家人还会过零散，幸亏有了你！今后的路越走越亮堂了！"我笑着说："你想多了！我是心疼我的学生，我可不负责你们过日子哦！"我们边吃边聊，吃完饭我带兵兵上学，兵兵感到很有面子。

我读过李镇西写的"万同的故事"，拿来如法炮制，引导兵兵用"高尚的我"战胜"卑下的我"。我对同学们说："一个月后，我们要进行一次作文竞赛，分出一二三等奖来，同学们可提前作准备，作文题目我提前告知：'我为兵兵的进步而高兴'或'我为兵兵的退步而痛心'，到底写哪个取决于兵兵的表现；兵兵写'感谢同学们对我的帮助'。"班里应者云集。我问："兵兵，你想让同学们写哪个题目呢？"兵兵说："当然是写那个好的！"同学们也是。为了帮助兵兵成长，我给他配了"小师父"。

兵兵以肉眼看得见的节奏在进步，只是，偶尔他的作业还是完不成。等到检查作业时，他就拿着别人的作业去复印。我很奇怪他总是犯这么低级的错误，他的解释是："我怕苗妈查出我没写作业，会不高兴……"

我看得出来，他对我特别依恋，他愿意为我变好。

结尾：欣慰中有遗憾

兵兵最后怎样了呢？一年后，兵兵爸妈婚变，兵兵爸回到前妻处，兵兵妈一个人带着兵兵和弟弟生活。这些事情对兵兵影响很大，他上了少林寺塔沟武校。

兵兵妈为兵兵弟弟的入学找过我帮忙，她的教育方式改变很大，对孩子不再粗暴了。每次打电话她都叫我"姐"："姐，兵兵个头长到一米八了，他跟以前完全不一样了，也懂得心疼我了……"

2019年五一期间，我正在南阳万亩月季园，兵兵打来了电话，坚持要视频通话："苗妈，我想你了……"一言未了，我已泪如雨下。

这样的一个案例生动地呈现了在家访中教师扮演的角色与家访给这个家庭带来的改变。当然兵兵这样的一个结局，我是有遗憾的，似乎我做了很多，最终也没能"给"他一个安全感十足的家，兵兵还是辍学了，兵兵妈两次婚变，也很不幸。

但这样理解其实是夸大了对学校教育的期待。有人说学校教育是来料加工，的确，没有什么比家庭更能深刻地雕刻一个人的精神面貌。有些事情，不是班主任能力所及的，我们只做我们可为之事，尽人事，听天命。一个孩子，如果他本来有十分糟糕，因为我们的帮助，他感到了人性的温暖，他改变了五分糟糕，这就是价值。而且兵兵妈也改变了教养方式，感到了未来的希望，这就是价值。在帮助兵兵的过程中，同学们也获得了成长，班级增强了凝聚力，这也是价值。哪怕什么也不是，"如果我能使一颗心免于哀伤／我就不虚此生……"

家访让我知道，我所从事的这个职业虽始于教育又不止于教育，而是充满了对生命的关怀。遇到搞不定的学生，到家里看看，他受教育的起点在哪里，基于起点去教育，更接近学生的最近发展区。

引导家长写育儿心经，你尝试过吗

这些年，当班主任的经历也让我明白：任何人都是环境的产物，教育孩子，在一定程度上说是一个浩大的社会学工程，学校教育着眼于群体，家庭教育着眼于个体。学校教育要高效，需要理解孩子的家族期待、父母规划、智商基础、情商能力、生活习惯、意志品质以及对知识的渴求程度。

启航班毕业那年，我给家长发出了一封邀请函，真诚地邀请他们写一篇育儿心经，我将发表在"双向度人"公众号上，给孩子们留下一份珍贵的毕业礼物。班里40个孩子，40个孩子家长全写了！

请看高艺祯妈妈的文章。

我们这一家，平凡有趣充满爱

一、户外活动培养孩子好奇心

我们一家特别喜欢户外活动。在保证安全的前提下，先生和我尽力保护他们姐弟对周围世界的好奇心。我们一直认为，通过户外活动释放过多精力的同时，孩童的安全和规则意识也不断获得纠正与提升。为此，我们举家进行户外活动，从过去一直到现在，不曾断过。

上小学后，我们的户外活动拓展为长距离步行。第一次步行回家看外婆花了近两个小时。沿途绿化步行道中大自然的颜色和味道不断通过视觉和味觉激励着我们。前半段路，我们聊遍了各自多彩的世界，拉近彼此的距离，笑声不断。后半段路，艺熙和艺祯开始抱怨酷热和腿脚之累。我用游戏激励着他们又走了一大段，之后找了个阴凉处休整一番，又继续行走。到外婆小区大门口时，他们的神情我一直牢记——一种小小孩居然能够超越自我的成就感，在外公外婆惊叹的神情中他们骄傲地踏进家门。

二、阅读将孩子的想象边界推得更远

艺祯上幼儿园小班后,我们偶然遇到了一家阅读机构的推广活动,听完馆长的课程介绍后,我当下决定为姐弟俩报名。我自己也上了"为人父母"成长课,购买了许多获得凯迪克奖的绘本。

艺熙开始看我阅读过的书籍,她曾在作文中特别崇拜地写道:"我妈妈很爱看书,她看的书很厚。"现在她手中的书也愈发经典与厚重,文字愈发唯美灵动。姐弟俩的许多文字作品我都收藏着。我经常告诉他们,妈妈很爱读他们的作品,是他们的超级粉丝。

这样的阅读引导在他们进入小学后继续进行。艺熙和艺祯参加了另一家阅读书房的课程——将大自然融入阅读中。他们随老师们于山间步行,认识了许多花草和飞禽。由于从小便与大自然亲密无间,老师评价姐弟俩甚少抱怨由于长时间走动和天气带来的身体不适感,与领队老师积极互动,充满好奇心。

三、建立在专注基础上的自律

在家里,我一直要求他们做事要专注,总是不断重复着"专心吃饭,专心看电视,专心玩"。

专心做事也令艺祯苦恼过,但在整个疫情期间,他已经可以自主上网课。几次观察,他的专注力都没因旁边无人而被手机干扰,甚至他对手游的控制也相对成熟。偶尔会有突发状况发生,我就把握住机会加以引导。慢慢地,我们之间的信任机制强韧而有力地建立起来,他的各类提议都获得肯定的答复。

四、生活美学,学起来

艺祯对美食投入了超越一切的专注,从最初忘记洗菜的葱花炒豆腐到如今的蒜香蛋包饭、土豆丝饭团和西红柿焗意面等,所有配料,他都喜欢亲自做,而且很享受整个过程。入艺祯口中的饭菜,他有时会评价一番:"如果改用黄油,味道会更好。""加点酱油,调个色。"不仅如此,他对摆盘和盘子都有要求,他认为要符合他的高品位。每次试菜后,我和爸爸都认真地提出意见,他认真采纳,继续研究新菜。甚至家宴时,他也十分乐意为饭桌添道私房菜。

写老师布置的七篇作文，他有五篇是关于美食的，被苗老师夸了多次。他说："妈妈，我有经历，写起作文来，就有灵感！"写到剁大蒜时，他给自己取名"双刀客"。他的理想也由发明家改为美食家，后来又调整为发明家也能有个好厨艺。前阵子，艺祯和姐姐决定发挥各自在厨艺上的优势，他炒菜强，姐姐做甜点棒，打算配合起来，开个"祯熙餐厅"，小孩免费，大人收费。现在这个餐厅的设计图纸和菜单都已成型，就等顾客了。

五、珍惜睡前的美好时光

睡前畅聊也是我们十分珍贵的时光。很小的时候，我们读绘本，大了以后，我们一起躺在黑暗中聊趣事，聊人生，做反思。渐渐地，他们开始分享课内学到的内容，开始各种提问，深究专业问题，我们就在黑暗中各抒己见，很多时候我的思维或认知跟不上来，事后必定理清头绪，再回头跟他们讨论。他们极喜欢这段时间，不仅因为黑暗使人思维活跃，还有温情溢满整个房间，不谈作业不谈成绩，只聊彼此的内心。

随着年龄的增长，孩子的自我意识强化，矛盾仍然存在，只是我已练就成谈判高手了。姐弟俩时而会反驳"为什么每次都要听你的""为什么每次都要逼我""我偏不这么做"。我经常反问："好啊！那你觉得怎样做好？"我会听取他们的意见，稍微调整一番，如果合理，就由他们自行主导。我很珍惜这样的矛盾冲突，经常在事后把这些经历再回放给他们。

我们营造出的家庭氛围令姐弟俩的情感率性舒展。除一家人彼此相爱外，还时常玩闹打成一片，甚至相互讨厌都是一家人生活的一部分。我和先生把握各种时机走进孩子的世界，也敞开心扉让孩子走进我们的世界。我们一家的相处温馨有趣，享受着共同成长的日子。

艺祯妈妈的原文有4000多字，限于篇幅，我节选了不到2000字。几乎所有的爸妈都写了不少于2000字的长文。班里40个孩子，我收到42份。有两个离异家庭的孩子，爸爸妈妈都写了。每对父母提起孩子都有说不完的话，那些真诚的文字打动了我。在讲述中，我看到了孩子所有的特质都有来处，这也启迪我试着用更敏锐、更与众不同的视角去看孩子。

"水本无波,相荡而起涟漪;石本无华,相撞而起火花。"我把这些文章一篇篇发布在公众号上,其他家长的思想在碰撞中产生更多的智慧。而孩子们呢?当他们的优点被看见,他们会更加强化优点,看到别人的长处,也会见贤思齐。不仅如此,这班孩子毕业后,我把我写他们的文字和爸爸妈妈写的文字收集在一起,编了一本书叫《奔腾吧,后浪》。这本书,至今为家长和孩子们所珍藏,成了一段美好岁月的见证。

急人所急，偶尔越界又如何

社会转型时期，亲子关系也出现多重问题，有些孩子因早期亲子分离造成亲情缺失，有些家庭因出现变故责任不清孩子被踢皮球，有的家庭是"更年期遭遇青春期"，有些家庭因诸多原因无力管教孩子，有些家庭因父母过度焦虑造成亲子关系紧张等，如果教师能够适当介入，帮助弥合关系，家长定会感激不尽。

我教过一个孩子，姑且叫他乾吧，乾的身高已经达到了成年人的高度，他的父亲给我打电话诉说苦恼：他经常遭受儿子家暴，这个周末儿子把家里电脑、电视以及各种家具砸得稀烂，还把他暴打一顿。这让我很震惊，翅膀还没长硬，儿子就打老子？这于情于理说不通啊。他这才支支吾吾地告诉我，他夫妻一直不睦，妻子瞧不起他，他就跟别的女人好上了，被妻子抓住把柄，趁机离婚，儿子跟他。儿子也知道父亲是"过错方"，加上个头高大威猛，每周回家必挑衅父亲，在家各种作妖……他求我帮忙教育他儿子。

按说，教育是有边界的，我并不想介入他们的家事。但是，他的父亲一筹莫展，求我"救救我，救救孩子"。他的母亲、姐姐也到校恳求我介入。而且，我也确实看到了这个迷失了方向的孩子已经沉溺于网络不能自拔，严重地影响了身心健康。我找乾谈心，从他近段表现开始，循序渐进。但是，谈心效果很差，乾情绪激动，不是沉默，就是愤怒地哭嚎，谈话无法进行。思忖再三，我给乾写了一封信：

父母闹离婚，苗老师给你三个忠告

亲爱的乾：

我知道，这些天，你内心里郁结了太多的苦楚，你的爸爸妈妈感情出现了问题,你爸爸的生活中另有他人,现在爸妈已经离婚了。你无法理解这些,你甚至怀疑你的爸爸妈妈,怀疑他们是不是"好人",怀疑他们对你是否有爱。那么乾,作为一个同样遭受过原生家庭伤害的成年人,苗老师想以自身的经历,谈谈这个话题。

我幼年生活在农村,父亲在政府部门工作,母亲是小学校长。本来,我们应该是村里最受尊敬的家庭,但是事实并非如此。我孩提时记忆里的第一件事,就是我父亲在暴打母亲,村人在围观。我父亲常常到深夜才归来,母亲声嘶力竭地喊"你跟谁在一起",不久两人就大打出手,引得已经熟睡的村人纷纷披衣下床,站在围墙外看大戏一样嘀嘀咕咕。那时候农村娱乐活动少,谁家打架就是全村人的节目。父母热战结束,往往伴随着长长的冷战,家里的气氛凝固而压抑。这样的狗血剧贯穿了我整个学生时代。

没有爱的家庭是一座空房子,透着冰冷和压抑。有谁知道,我是多么无地自容!我为父母的恶战吓得瑟瑟发抖,我为村人的指指戳戳羞愧得无地自容。我既盼望着尽早结束这噩梦一般的生活,又担心风雨飘摇的家庭随时解体,不知道明天的早餐在哪里。母亲说:"如果不是为了你们,我早离婚了。可是,我一个月就那么点工资,一个人怎么能养活得了你们?再说,离婚太丢人了……"生活重负和自身局限使他们不得不凑合在一起过日子。

好在,守着一个千疮百孔的婚姻,他们最终赢得了晚年的岁月静好。但这不是说,这样一个光明的尾巴就证明他们当年的憋屈就是正确的。事实上,这种"过也过不好,离也离不了"的婚姻状态对他们自己和孩子的伤害远超过离婚。我学生时代,伴随着物质上的匮乏、精神上的孤独和无尽的漂泊感,也不大懂得"亲仁爱人",这是童年的不幸给精神上打下的烙印。所幸后来,我读了书,考了学,见到了更大的世界,在漫长的岁月里治愈了童年的伤痛,也给了日益衰老的父母以物质和精神上的帮扶。但我至今都觉得自己的性格、行为模式里有那段岁月带来的持久伤害。

所以,你现在的痛苦我完全能够理解,我想就你的现状分享给你三点忠告。

一、不要拿父母的错误否定他们对你的爱

你父母很苦恼地告诉我,你现在变得很暴躁,终日把自己关在屋子里打游戏,动辄大发脾气,有时候对父亲大打出手。我想,你之所以这样,是因为在你的眼里，母亲是婚姻的受害者，是弱者，你不能原谅父亲的"出轨"，但你对母亲的一些做法也很反感，看谁都不对眼。但苗老师以自己多年来的人生经验告诉你：夫妻一方有外遇也可能是另一方为渊驱鱼的结果，你母亲身上或许也存在着你父亲一直不满却无力改变的缺点。如果你足够细心，你会发现这种不和谐应该早就存在了。樊登也说过："外遇往往并不是婚姻破裂的原因，而是婚姻破裂的结果。"当然这不是说，你父亲的外遇就是合理的。但一码是一码，无论你父母为人如何、关系如何，他们对你的爱都是真的，不要拿他们的错误来否定他们对你的爱。

二、离婚没对错，尊重父母的选择，不掺和，不站队，要分要合随他们

任何一场婚姻都是有生命的，婚姻也有生老病死，如果不能救活，死亡是新生的开始。因为从小就目睹了不幸的婚姻，苗老师对婚姻问题有着独特的敏感。这么多年来，我所看到的无数婚姻的真相都大同小异：夫妻感情既不甜蜜，也不苦涩；既没有如火激情，也不是冰样冷漠；它在杂糅着阳光、风暴、花香、烟火与泥沙俱下的灰色中，保持着长久的平衡。只不过，你父母的婚姻平衡被打破了。他们之所以走到今天，是因为他们以前的婚姻就有问题。倘若婚姻病入膏肓，与其貌合神离地过着，不如就此放对方一条活路。让过不到一起的夫妻能离得起婚，是社会进步的表现，这说明人们有能力掌控未来的生活了。家庭的核心是夫妻，不是亲子。离不离婚，是夫妻之间的事，你没有决定权。离婚会对孩子造成一定的负面影响，但智慧的父母可以将负面影响降低到最小。这点，你可以买来池莉的《来吧孩子》跟父母共读。同时还要做到，不听任何一方狭隘地诉说，免于裹挟，不去站队。甚至，你还可以面对着父母吞吞吐吐的摊牌"儿子，我离婚了……"，洒脱地一笑："好啊，祝福你们开启一段新的生活！"——想想，这样是不是很酷？

三、沉溺网络麻痹生活的痛感，无助于你走出痛苦，自我救赎从阅读开始

你之所以上网，与你内心里的很多苦楚说不出来有关，这是一种"述情困难"的表现。乾，苗老师不反对上网，但反对沉溺网络。低级的消遣会让你在极强的声像刺激中短暂地忘记生活的疼痛，最终形成"成瘾性人格"，陷你于自我厌恶中，降低自我认同。

可是，如果你愿意读书，你就会发现，几乎你所有的困惑，书籍都能给

你解答。读书不仅为我们打开一个看世界的通道，而且还为我们挖掘了一条表达自我的通道。作为一个热爱读书并保持了阅读习惯的人，苗老师可以负责任地告诉你：相信阅读会给你一个精神氧吧，让你的灵魂自由呼吸，你的苦痛挣扎都会在书中得到疏解，相信你一本一本地读下去，你的精神世界会豁然开朗。同时，阅读对你学习上的帮助也超过你的想象。不得不说，你的阅读分析总是流于表面，写作内容单薄，如果你一直不重视，随着知识难度的增大，你的语文、历史、政治、英语会跟其他同学拉开一大截差距。最重要的是，你不能理解自己，理解他人，包容他人，你不能与不完美的世界和谐相处，生活在心灵的牢笼里，你会很痛苦。

乾，在学校里，你是一个有力量感的人。在生活里，也要拿出自己的力量感来，用力成长，自我疗愈；控制情绪，让逐渐强壮的自己引领日渐衰老的父母，让你真正爱上自己。一个假期不见，你的个子长高了，红扑扑的小脸泛着红光，但生活的阴霾在你的神色中隐约可见。乾，愿我今日这一番掏心掏肺的话，能打开你的心结，为你擦亮一个全新的日子！

抱抱。

爱你的苗老师

为了避免当事人的尴尬，我作了一些模糊处理。这封信写过后，我和数学老师商量，创设了一个让父子沟通的教育场域。父亲承认了自己的错误，谈到多年来的艰辛不易。诚恳地述说，加上这封信的助力，获得了乾的强烈共鸣。乾当场哭着给父亲鞠躬说："对不起，对不起，爸爸，我不知道你受过那么多委屈。"父子哭得鼻涕一把泪一把，紧紧拥抱在一起。从此，乾再也没有打过父亲。当他在现实中有了爱的联结，网瘾也不治而愈，成绩越来越好。后来，他考上了理想的大学，还经常跟我联系。

当然，也有人认为我的教育越界，包括兵兵的事件。但是，在很多关系里，你是无法像掰橘子瓣一样清清楚楚地切割出哪一部分属于"我该管"，哪一部分属于"我不该管"。教育哪有那么多掂斤播两的计较？任何人都是环境的产物，每个孩子身后都站着他的家庭，他的过往，他的社会关系。从帮助学生的角度来说，有些事情也不能"装睡"，只要适可而止，不干涉别人家的

"内政"就可以了。没有一个班主任无所事事到要把手伸到别人家里去,也没有一个班主任认为自己责任无限可以拯救银河系。万法缘生,皆系缘分,赶到"点儿"上了,便当仁不让,如果真的以"教育是有边界的"而不愿伸出温暖的手,任由学生滑落到某种境地,想想岂不于心有愧?

家长眼里"重要而紧急"的事，也是我们的"国家大事"

每个孩子都是父母的心尖宝贝，学生矛盾处理不当，往往会引发家校矛盾。我曾亲见因为两个学生打架家长也差点发生械斗并跟学校纠缠很久的事情。这固然跟家长素质不高有关，但也要看到，如果有学生发生矛盾尤其是恶性事件，班主任一定要当成大事去处理。

当班主任以来，我多次处理孩子的矛盾纠纷。大部分家长都能"幼吾幼以及人之幼"，但也有少数家长只要看到自己的孩子吃了亏，就把别人家的孩子想象成一个恶人，护犊心切，情绪激动，提出一些不合情理的要求。遇到对方明理还好，如果对方不依不饶，班主任就很为难。该怎么办呢？

打架风波

一、接到投诉

民妈打来电话，火气十足地说："苗老师，我娃被龙打了！出了校门口……我娃现在说他头疼！娃说龙经常欺负他，你必须开除龙！"

九年义务教育，老师能开除学生吗？但家长情绪激动，老师要冷静，学会结构化倾听，把问题分成三大块：情绪、事实和期待。情绪：民妈护犊心切，火气挺大；事实：尚不清楚，极可能是俩孩子打架，民吃亏了；期待：希望老师给民"出气"。做家访我了解到，民的家庭生活条件不好，一旦产生医疗费用，民妈也可能顾虑到家庭的开支。班主任要做的是：不在情绪上纠缠，在尊重事实的基础上，发现对方真实的期待，作出正确的反应。

二、问清事实

我先认同情绪，表示对民的关心："民妈，我知道这个时候您特着急，民被打了，伤势怎么样呢？到底是怎么回事呢？"民妈说："那……那倒没有，不过万一有内伤了呢？我这就带娃检查，花多少医药费叫他赔！"我说："行！身体第一。其他事情，交给我办！"

我放下电话，把民妈的话梳理一番，心里有数了：龙和民走出校门后有了言语冲突，都太"血气方刚"了，就打起来了，但很快就被同学拉开了，民的"伤势"并不大，但心里的委屈很大，因为龙平时有点看不上他。于是，我打电话给龙爸。我的策略是，如果女家长情绪激动，另一方要男家长到场，男家长一般不愿意跟女家长计较。而且我接触过龙爸，他是很通情达理的。

三、两方斡旋

果然，我电话一打过去，龙爸就表示："哎呀，不好意思，苗老师，龙这个娃脾气急，给您添麻烦了。这会儿我怎么做？"我建议他：第一，这会儿就到场，随手买点水果牛奶，表示关心。第二，民妈情绪冲动，哪怕她说了过激的话也不要跟她发生正面冲突，咱孩子也有问题，当务之急是稳定民妈情绪。龙爸照办，中间我给民妈打过去电话美言，比如"龙爸一听说民被打了，很过意不去，连连说对不起，自己的孩子没教育好""龙爸马上就去看咱孩子，你发一个导航"等，民妈火气消了不少。龙爸一到场，送上礼品，赔上好话，交了检查费，矛盾马上涣然冰释。

四、教育学生

第二天到学校，我把两个熊孩子喊到身边，了解了二人矛盾产生的"前世今生"，说来说去却都是鸡毛蒜皮。我问他们："如果时间倒流，同样的事情发生了，你们俩会怎么做？"他们俩现场模拟了对话，然后就不好意思地笑了。而后，我让他们各自写了一份管理情绪方案，两个熊孩子重归于好。民妈很为自己的态度抱歉，给我打来了电话："苗老师，对不起，我脾气急，别跟我一般见识……"我真的没有计较，说道："民妈，我也是母亲，我理解。"此后，她看见我很不好意思，但我用一颗真诚的心化解了这些小疙瘩，后来相处得一直很和谐。

五、培训家长

此后，我积累了经验，在培训家长时谈到小孩子犯错误大人正确的处理方式：当孩子们发生了冲突，请先冷静下来，要想一想，是人都会犯错，何况是个小孩子？再问一问自己：我要的是对错，还是和谐？孩子希望要一个什么样的结果呢？教育孩子要面向未来，相信人性的美好，相信老师解决问题的专业能力。涉及赔偿问题老师一定会协调，力求让双方满意等。

因为我对家长培训在先，后来这样的事情就少了。

处理学生之间的矛盾，是班主任工作的常态。其实学生之间的很多矛盾并非简单的谁对谁错，而是情绪的积累和言语上的激化造成的。现在哪个孩子不是大人的心肝宝贝呢？班主任要理解家长出于护犊心切担心孩子受欺负的心态，体谅他们的焦虑，把重心放在问题的解决上，急家长之所急，把孩子闹矛盾的事情放到时间管理的"重要且紧急"的第一象限里去，采用合适的策略，把事情解决完满。如此，家长不仅不抱怨，还会非常认同老师。

中指事件

一、接到投诉

晚上，我接到羿婵妈妈的微信："苗老师，今天羿婵在学校门口等我的时候，被高年级的××推了肚子，比了中指，还遭到辱骂。其实孩子们之间吵吵闹闹没什么，关键是一个男孩子这么做，女孩子在感情上接受不了。麻烦您去问问。"

二、安抚情绪

我也是一个女孩子的母亲，家长的心情我完全能够理解。我说："放心，我马上过问。"

三、及时处理

第二天我到校就去找××的班主任陈老师。陈老师把××叫到身边，这个孩子抵赖说，羿婵先挑衅他。我只是微笑着告诉陈老师：羿婵是我的班长，很有修养。说羿婵骂人，直觉不可能。那个孩子还在抵赖，我和陈老师看了看时间，决定让他先上课，下课再处理。

中午，××已经过来给羿婵道歉了。陈老师转来××的道歉信，他非常诚恳地承认了自己的错误，并表示以后再也不这样了。

四、柳暗花明

羿婵妈妈对老师非常感谢，她很细心，又给这个孩子写了一段话，托我转发给陈老师：

"××你好！阿姨收到你的信了，字里行间感受到你的真诚，阿姨特别感动！你是一个好孩子！羿婵和我表达过，之前你们相处得很愉快。所以，我知道，昨天的小冲突并不是你的本意，因为我知道没有一个人喜欢和别人发生不愉快。或许只是在那个时候，你有一些不开心的事情，所以有了一点情绪，并不是针对羿婵的。同时，我知道你是想和大家愉快共处的，这一点从你的信里我都能感觉到。羿婵也非常愿意和你成为好朋友！××，阿姨希望你每一天都能开开心心、顺顺利利的！"

我想，当陈老师把这封信转达给那个孩子时，他也会感到满满的善意吧。

五、无言支持

不久，学校组织大型活动，我们班的节目是亲子时装走秀，羿婵妈妈全程参与，她和其他家长一起把节目组织得非常漂亮，惊艳了全场。特别是八分钟背景视频，很让我们头疼，羿婵妈妈主动承担做这个工作，她掐紧时间点，找人制作了视频。因为视频文件大，传不过来，她又亲自来校试播。家长的大力支持，也是对我们工作的认同。

这件事之所以得到圆满解决，首先在于羿婵妈妈的通情达理和富有同理心。在这个事件中，她并不是一个需要安抚的对象，成了我们的教育合伙人，成了一个教育者，这是非常难得的。同时，这跟教师团队以人为本的专业素养和专业化的方法策略也是分不开的，我的重视，陈老师的配合，都促使着事情快速地向好的方面转化。

还要看到，不同的家长的关注点是不同的。民妈限于生活层次，从始至终关注的是经济问题。而羿婵妈妈的着眼点则是孩子的自尊有没有得到修复，孩子未来的相处不要有嫌隙。班主任处理事情的时候，要看到事实、情绪、期待，本着满足期待去解决问题。

钟杰老师说：没有学生，班主任与家长就是路人甲与路人乙的关系，谈什么信任与不信任？孩子的事就是父母的"国家大事"，将心比心，教师也该如此看待孩子世界里的事情。你把孩子的事当成大事去办，不用多说，家长就会支持老师的工作了。

开展孝老敬亲课程，让亲子关系其乐融融

伴随着青春期的到来，班里有个别孩子不服父母管教，这些"不服管教"的孩子，无形中增加了教育的难度。而随着社会的发展，有些家长也出现了"走得太快，灵魂没有跟上"的情况。基于青春期孩子叛逆的特点，也基于有些父母"不太会当父母"的现实，我在七年级下学期给学生开发了"孝老敬亲"系列活动。

一、体验课，养儿方知父母恩

1. 预热

我安排学生自己搜集感恩父母的相关材料，制作成手抄报或PPT，在班会课上让各小组先自主分享。

有同学解说"孝"字的构造和意义，有同学展示孝亲名言，有同学讲述了感人的孝亲故事，有同学搜集来了有关"家"的公益广告或微视频，有同学搜来了《父亲》《烛光里的妈妈》等孝亲歌曲，孩子们在搜集素材，也在欣赏、领悟、分享。最后，由曹炜琳同学带着大家一同唱起了《游子吟》，富有表现力的歌曲，唤起孩子内心的深情。

2. 当一天备孕妈妈

中原名师刘明莹老师做过一个"当一天备孕妈妈"的活动，我觉得很有意义，就照方抓药。我让家长做了颇有些重量的袋子给孩子们带在身上，"饱受"儿女叛逆之苦的老母亲们对"虐娃"表现出极高的热情，给袋子里装东西毫不手软。第二天孩子们个个"挺着大肚子"来到学校。起初，他们带

着几分雀跃，几分忸怩，还互相打趣："哎呀，你儿是个吃货，一肚子花生米！""我儿是个学霸，你看，净是书本！"但这么大一坨，带身上一会儿是个乐子，带一天还是很辛苦的。上厕所不方便，跑步不方便，外出还被人家打趣。还有的一不小心"流产"了，满地花生米乱蹦。一人"流产"全班大笑，"流产"的孩子哭丧着脸。不光是因为按规定"流产"要扣分，还因为他觉得自己没有能力照顾好"小宝宝"。

3. 照看一天"小宝宝"

第二天，我又让孩子们带蛋宝宝进学校，给宝宝打扮得漂漂亮亮的，取一个好听的名字，24小时呵护备至，还不能影响学习。蛋宝宝又给孩子们带来了无数的惊喜：有的蛋宝宝萌萌的，戴着蝴蝶结，卷着长睫毛，画着小酒窝；有的霸气侧漏，浓眉大眼，戴着墨镜，额头上画着"王"字。名字也是五花八门：露露、闹闹、小白、二妮、川普；有的一胎生一个，有的一胎生一窝⋯⋯孩子们还在一起比谁家宝宝长得好看。但是，24个小时带在身上，总有不小心的时候，一上午时间，摔碎了四个蛋宝宝，教室里满是蛋清蛋黄的腥味。养儿方知父母恩，通过这些活动，孩子们初步感受到了父母的不易和生命的珍贵。

4. 算三笔亲情账

周末，我制作了一份账目明细单，要孩子们跟父母共同完成三道大型计算题。第一笔账是"父母的支出"，从备孕营养到奶粉钱、尿不湿钱、医疗费、择校费、租房费、学杂费、特长班费、买车、买房、找工作、娶媳妇等，一直算到28岁。第二笔账是"我的支出"，你用自己的零花钱给父母买过什么，花了多少钱。第三笔账是"算出差价"：父母的支出－我的支出＝＿＿元。一算，孩子们大吃一惊：原来，如果不是为了养我们，我们的父母个个都是百万富翁啊！与之相反，自己已经给予父母的或者将来可能反哺父母的是那么的微不足道！

5. 阶段反馈

几次活动之后，我布置作文，让学生任选一点，反馈自己的感受。

徐佳璐说:"怀孕"一天,"养娃"一天,这才仅仅是两天啊,我们已经苦不堪言。可是我们的母亲呢?她还有十月怀胎的辛苦呢,还有打断20根肋骨的分娩疼痛呢,她花了一辈子的精力来呵护我们!由衷地感谢您,我的母亲!

李钰柯说:这次活动,我深深地体会到当妈的不容易,真是"谁言寸草心,报得三春晖"。我以后要多帮助妈妈干活,帮她分担。另外,我也感受到,每个人的生命都很脆弱,也只有一次,请珍惜!

史家玮说:3岁前,母亲一调羹一调羹给我喂饭,一块一块给我换尿不湿,一夜一夜地哼着歌哄我睡觉;12岁前,她风雨无阻一趟一趟地接送我960次;18岁前她为我做了将近20000顿饭,每天待在厨房将近六个小时……这笔感情账真的没法算啊!

6. 制作成长册和绘制家族树

暑假到了,我给学生布置了两个特色家庭作业题:(1)整理自己的照片,做一个纸质或电子的编年体相册。(2)了解家谱,追溯根源,以手抄报的形式绘制家族树。

第一个作业的灵感来自春晚《时间都去哪了》这首歌的演绎:赵萌萌把爸爸和她连续30年的照片整理出来,作为父亲节献礼,暖哭了很多网友。我由此想到,让孩子们做一个相册也是蛮有意义的。第二个作业受到"8+1"工作室侯志强老师一个班会课的启迪,认识到家族谱系是一个家庭的精神延续。通过绘制家族树,可以唤起反哺之情,激发成长动力。

成长相册做得最好的是韩若霖同学的《成长的脚步》。"我们会慢慢长大,而父母会慢慢变老。""整理自己的照片时,爸爸妈妈也帮忙,他们给我讲照片背后的故事,我真的觉得生命是一件好奇妙的事。"

知名主持人敬一丹说:"知道自己的来处,未来人生才有参照。"绘制家族树,需要采访父母、祖辈,了解家族历史,有所感悟。我给孩子们分享孔子、范仲淹、洛克菲勒等人的历史,引导他们去理解家族是个体生命的起点,激发他们承前启后、继往开来的使命感。

二、母亲节，爱你就要说出口

五月的第二个星期天是母亲节，我设计了"爱你就要说出口"的活动。我在精心制作的 PPT 上添加了这样的字幕："从咿呀学语到长大成人，母亲把爱无私地倾注于我们，儿女的目光总是向着远方，母亲的目光却总是落在儿女身上，遗忘了自己。母亲节将至，苗老师给大家准备了四份自助餐，任选两份，感受母爱。"

1. 我给母亲颁个奖

给母亲颁发一个大奖，你所能想到的一切均可，用新奇的创意表彰母亲。

孩子们果真给母亲颁了很多奖：唠叨奖、贴心奖、勤奋奖、好人奖、吃货奖、神厨奖、变脸奖、吃辣奖、大度奖、女强人奖、最佳人缘奖、最佳保洁奖、最佳闺蜜奖、诺贝尔好人奖、最会过日子奖等，五花八门。

李艺鸣给妈妈颁发了"年度最佳气质奖"："妈，你都 30 多岁的人了，穿得比我还靓，被人夸长得像张曼玉的虚荣心从来就没有减轻过；听了人说我是你妹妹，你就高兴一整天。咱家堆着各式各样的水乳霜，你天天不知疲惫地抹呀抹。这还不够，你又是纹唇纹眉纹眼线，又是做光子嫩肤什么的。每次回家，都会看到你在照镜子，边照边说：'你瞅瞅你老妈我，小仙女一个！'每次翻看手机相册，就会看到你的一张张自拍，左拍拍右拍拍。'年度最佳气质奖'得主就是你，没错了！"

王晨谋给妈妈颁发了"年度最佳保姆奖"："×× 同志您好，从 2005 年某月某日起，您正式成为我的贴身保姆，感谢您 14 年来一如既往无微不至地照顾我。每次穿上工装您就变成了一个灵活的小胖子，洗衣、拖地、收拾房间，又是养花又是养鱼，还会根据我的喜好控制火候做美食，让我们的生活很有仪式感！我的保姆我爱您，望再接再厉，再创辉煌！"

李卓晗给妈妈颁发了"年度最佳得瑟奖"："经过十个月的艰苦奋战，你把我带到这个家庭。在过去的 14 年里，你身为我的贴身保姆，让我享受到了衣来伸手、饭来张口的生活，虽然你一天三顿顿顿面条让我吃得直反胃，虽然每次看见我的成绩单你都不停地叨叨叨，心灵鸡汤灌得让人不耐烦。不过，还是要恭喜你，由于你的出色表现，你获得了一枚会唱会跳会哄你开心集各种优点于一身的孩子！特此发奖，以资鼓励！"

最有趣的是，卓晗还设计了一个小印章，他说："加盖了印章，就官宣了！"

2. 寻找妈妈的寻人启事

我们做过一篇《寻找妈妈的寻人启事》的中考现代文阅读，迁移过来，在我们班试试。我发出这样的要求："假设自己的妈妈丢了，请每一个人写一则寻人启事，要根据母亲的真实情况撰写。"

郭元的寻人启事充满了写实风格："某女丢失，年龄36岁，身高160厘米，体重57公斤。身穿褐色风衣、黑色衬衣，开车时戴墨镜，镜片旁有金色蝴蝶结，穿小白鞋，不开车时穿高跟鞋，鞋跟儿6厘米。圆脸，脸色红润，肤色偏白，体型微胖，鼻头圆润，鼻旁有痣。发型扎成马尾，发梢卷成小波浪纹，留齐刘海。她性格貌似温柔，生气时狮吼功打遍天下无敌手。遇到困难喜欢说'这咋整啊'，喜欢称低年级的学生为宝贝。如有人发现，敬请告知。"

宋奕嘉的寻人启事流淌着调侃的风趣："某女近日因不满小女儿和丈夫离家出走，一走就是两天。此人正值半老徐娘的年纪，看上去风韵犹存，貌似有钱，实则一穷二白。身体严重走形，素颜，妥妥的黄脸婆一枚，但性格却依旧孩子气。在家里像头母牛，吃的是草，挤出的是牛奶和血。此人对本人意义重大，望有人遇见后告知本人即大女儿。"

以上两份作业中，孩子们既提炼了母亲的特点，也包容了母亲的缺点，有的孩子调侃母亲，家庭的民主氛围可见一斑。我通过拍图将作业发至微信群，家长们品评着、微笑着，群里其乐融融。

3. 光影"留"年

要求分享：（1）妈妈年轻时候的照片和现在的照片各一张；（2）或你跟妈妈同龄的照片；（3）写感受。

这是子墨的文字:"第一张照片是我妈妈 20 岁时的照片,瀑布般的长发,清澈如水的眼神,微闭的红唇,越看越美,是素颜照哦,那个年代可是没有美颜相机的!第二张是我和妈妈的合影,自从有了我以后,妈妈说不用美颜相机都不好意思拍照了,容颜变老,眉头微蹙,温柔恬静的妈妈变得越来越唠叨了。我知道在妈妈的唠叨里有对我深深的爱,生活上的操劳,学习上的操心。变老是人生的自然规律,谁也抗拒不了。但是我祝愿妈妈在岁月的长河里留下的痕迹是美好的回忆!"

4. 妈妈的高光时刻

我这样启发学生:"妈妈总在为我们付出,似乎没了自我。但总有一束光,曾经照耀着妈妈,那就是妈妈的高光时刻。妈妈的高光时刻是什么?请写出来吧!"

杨洋这样写道:"矿物资源是不可再生资源,资源开发还会对环境造成污染。作为一名选矿科研人员,我妈妈曾经为河南的一个金矿的选矿提出采用重力加倍的原理进行回收的方案,减少了化学药剂的使用,减轻了对环境的污染,给企业每年增加了近五千万元的效益。这是我 36 岁的妈妈的高光时刻。"

揭致恩则写道:"'晋升'为职场妈妈之后,妈妈每天忙着扮演不同的角色,哪有空做自己?如果非要说自己的高光时刻,那就是她周末牵着我的手,跟我像一对小姐妹一样'趾高气扬'地走在马路上,接受别人对她'冻龄女神'的赞美!"

张俊洲则写道:"妈妈是做房地产的,她的高光时刻是一天签了六单!我的妈妈是不是特厉害?"

这些年来"洗脚"一类的形式主义让感恩教育有点尴尬,通过以上喜闻乐见的感恩教育,为孩子和父母提供一个梳理情感的机会,是我设置这些活动要达到的目的。

展示作业的那节课,我在 PPT 上打出了这几个大字:"你陪我长大,我陪你变年轻。"图片上是幸福快乐的一家人,孩子们轻轻地阅读这个句子,此时无声胜有声。

三、厨艺秀，让感恩落地

感恩教育不能只停留在感动阶段，心动不如行动。如何行动？

1. 活动启动

放五一小长假前，我在群里发了一条信息："假期到啦！尊敬的家长们，一定要孩子多参加劳动，劳动的价值可能已经被低估，听一听全国特级教师魏书生老师的解读吧！"我把魏书生老师那段关于劳动的四分钟视频发在家长群里，很快就有家长在群里留言："说得太对了！孩子们对父母的爱是要从小培养的，生活能力关乎孩子一生的幸福。"而另一位家长则发了一篇文章，讲述美食博主李子柒和时任美国总统特朗普的长女伊万卡的故事，他说："看看吧，热爱劳动的孩子不但更知道感恩，而且能力还强。"我要的就是这样的回应，顺理成章地启动了厨艺秀活动。

我说，日本有本畅销书叫《会做饭的孩子走到哪里都能活下去》，那个小主角才五岁，就会做很多种饭菜。的确，做一手好饭菜既能取悦我们的胃，也是一个人的基本生存能力。感恩父母，劳动教育就从做饭开始吧！要求：以安全为第一宗旨，以孩子亲自动手为主，以家长指导配合为辅，请把你们各种焦嫩的、酥脆的菜品端上餐桌来，并拍摄美食制作过程的视频，附上神厨大名、作品名称和简短的文字说明，最好配上一些催人食欲的金句，自己写的或网上找的均可。

2. 美食博览

收作业啦！小视频中，红案白案，中餐西餐，蒸煮烹炸，应有尽有！一大波高颜值、高营养的美食视频里，"厨坛新秀"掩藏不住的青涩混乱、"幕后高人"指导的阵阵吁声和惊叹，叫视频前面的同学们笑得前俯后仰！厨房传来的叮呤哐啷声，顿时成了最美的人间烟火气！

睿彬上交的视频是制作水果酪和三明治，不得不说，他自带网红范儿！艺嘉做的是土豆泥，小视频的配词让我忍俊不禁："生活不止眼前的大口吃肉、大碗喝酒，还有兴致盎然小口抿嘴的小资情调。"许诺做的是蛋糕，也产生了一个金句："今天没有谁过生日，我只是想给生活加点甜！"光来刚做好可乐鸡翅就大快朵颐，配上这样的话："只要你吃得足够快，体重就追不上你！"看美食，读金句！很多孩子在后期制作上，给视频配上了音乐。一边做菜，一边沉浸在轻松欢快的曲调里，让劳动成为一种乐趣。

3. 美食定"最"

给自己的美食定"最"！"颜值最高奖""金句最美奖""色香味最佳奖""最糟蹋食材奖""参与人数最多奖"等奖项纷至沓来，再次让大家笑破肚皮。看，平淡无奇的锅碗瓢盆，经过了孩子们的"妙手"点染，顿时生辉。

人与人之间的感情联结是需要纽带的，老师乐作桥梁，搭建亲子之间合作交流的平台。劳动让孩子理解他所获得的照顾与庇护饱含着情感因素，是爱的延伸。有了亲子在厨房里"共同创作"的这段难忘经历，他们的关系更和谐了。也由此，父母也认同了孩子劳动的意义，不再那么包办孩子的事情了。

4. 劳动节尾声：自己给自己提要求

云上班会课，我说："生活中的亲子之爱，哪有那么多的轰轰烈烈？做一切活动的最终目的不过是要孩子们在生活中变得更懂事，更体谅父母。同学们在生活中如何感恩父母呢？"讨论区里，各种观点层出不穷。

见父母，倒杯茶，削个水果；

父母的生日送点小礼物表示祝福；

遇到特别的情况，写一封信，表达感激或者进行沟通；

多向父母表达你爱他们，主动承担力所能及的家务；

和父母有分歧时学会换位思考，站在父母的角度去想一想；

多跟父母说说话，多听父母的话，遇到烦恼，寻求父母的帮助；

……

5. 系列家长会同步进行

在这个系列活动中，我也持续不断地开云上家长会。我先后以"怎样说，孩子才愿意听；怎样听，孩子才愿意说""怎样培养出高情商的孩子"

"爱读书的孩子更善于自我教育""爱劳动的孩子更懂得感恩""陪伴是最好的教育"为主题开过系列家长会，帮助家长理解青春期的孩子。

　　孝老敬亲活动收到了很不错的德育效果，最明显的表现就是我们班的孩子叛逆的较少，孩子们大多数能理解父母的不易，包容父母的缺点，自然也比较听父母的话。家庭，是孩子成长的第一环境。引导孩子爱父母，是巩固教育的根基。当家长看到孩子在老师的教育下，尊重父母、更加懂事时，也会衷心地感谢、信任老师。

遭到家长投诉怎么办

这些年，随着价值观的多元化发展，一些家长对教师不是那么尊敬了。如果做一个调查问卷，问问教师们跟家长相处有没有感到特别委屈的时刻，你会发现"大海里没有不受伤的船"，总有一款伤害等着你。在家校发生矛盾冲突尤其是遭到家长投诉时，教师显得很弱势、很被动。当然这也不是说，家长投诉不对。投诉又分为两种情况：一是教师的工作确实有问题，那就端正态度努力改进。二是家长对教师有苛责之处，教师是真委屈，那就真的需要一些智慧的方法。

我也曾遭遇过投诉。那年我初到一个新环境，满腔热情扑在工作上，遇到一位强势的家委，喜欢左右班主任的工作，要求我对他的孩子特殊照顾。其实我对他的孩子真的是很照顾的，但有些要求我还是婉拒了，他便鼓动其他家长到学校投诉我。面对这种情况，该怎么应对？

第一，冷静对待，找学生了解情况。态度要积极、淡定、自控、坚韧。同时反思：是不是有一些事情处理不当，伤害了家长的感情？最直接的方法是找孩子了解情况，赢得主动。

第二，及时分化"同伙"，获取支持。找到相关家长进行侧面了解，真诚地问问家长自己在工作中有哪些不足。谈话中你会发现，绝大多数家长是站在老师一边的。告诉他们，在班级管理上，班主任是一个班级的核心，是平等中的首席。教书育人是专业性很强的工作，不是谁都可以当教师的。班主任是在为学生做事情，一切挑战伤害教师、挑战班主任权威的事情，都会分散教师的精力，使班级管理处于低效状态，伤害的不仅是教师团队，更是所有学生的集体利益。越是在这个时候，班主任越需要家长树立正能量。这些工作做完之后，你会发现，你将赢得所有家委的支持。

第三，争取得到学校的支持。只要问心无愧，就要向学校表明观点：我所做的一切都是为了学生。工作有不足，我会调整；但家长如果有一点不如意就给教师施压，那是挖学校墙脚。请相信，一个成熟的学校不只会想着怎样满足家长的诉求，更会维护自己的教师。学校在这件事上都在全力帮助我，从年段长到德育处主任到校长，对此都高度重视。学校出面约谈家委，表达这样的观点：苗老师是一个专业能力很强的老师，老师所做的一切都是为了孩子，为了一切的孩子，而不是为了某一个孩子。如果真的有特殊需要，老师会给您的孩子提供特殊帮助，但特权思想对孩子的成长反倒有害。孩子还在这个班级，任何对教师的不信任不尊重都会影响到孩子，让孩子受到的教育打折扣。这位家长也觉得不适合做家委了，学校准予辞职。

第四，对学生，以德服人，一如既往；对家长，心底无私天地宽。对"来者不善"的家长，尽量达成理解，不结仇。达成理解的方法倒不必是正面解释，家长的关注点其实还是在孩子身上。家校关系能否"春暖花开"，关键看学生。教师的天职是教书育人，不因任何外因而改变。事后，一如既往地爱这个家长的孩子，不戴有色眼镜，消除孩子的紧张情绪，相信人心都是肉长的。同时给这个孩子建立个人档案，收集相关文字、照片、奖励和各种问题的处理，以便再遇到苛责时拿出证据。

第五，开微型家长会，达成理解。开部分家长会，如实表达心声："各位家长，感谢您的帮助和支持，这段时间我的压力是很大的。首先我带着我的孩子来到一个陌生的地方，饮食不习惯，工作还不适应，自己的孩子顾不上管，生了病也在默默扛。再者呢，两地教育的差别非常大，像我在原来的学校教书时已经很受人尊重了，连街边的小摊小贩提到苗老师的名字都会尊敬有加。受人尊重也是一种福利。但到了这里，我成了一个新兵，天之涯，地之角，知交半零落，我以前的一切口碑荣誉统统归零。我接受这一切，这是我的选择。我需要你们的理解和支持，我们走进一家门就是一家人，有误会，要消除；有错误，要改进。但是，我有我的底线，我有我的气节，我行得正立得直，我对得起自己的良心，我绝不跪着教书……"这话有情有理，有骨头有肉，此后，班级渐渐恢复元气。

第六，自我反思，调整工作方法。事后，要反思自己的失误：一是民办学校跟公办学校的家校关系、南北方的教育方式区别还是很大的，自己初来乍到，还没有理解到这种区别。二是照搬上届的家委，原本是为省事，但个别家委已经习惯了前任班主任的工作作风，不理解教师是有独特的个人特质的，不理解教育是有阶段性的，造成了班主任工作的被动。三是开学之初，学生与新班主任还没有建立起充分的感情联结，正是"多事之秋"，而那一时期建立班级文化劳烦到了家委，有些家长觉得自己为班级"出了力"，而班主任却没有"等价回报"，闹起了情绪。当然，这也可能是自己的想象，无法问个明白。每个家长都有自己的一套处世哲学，家长不是自己的教育对象，今后要适度减少活动，和家长保持安全的距离。

塞翁失马，焉知非福？经过投诉事件，教师会更加用心提高专业素养，以后在工作中赢得主动。让关系简单化，让教育回到原点，让班主任把更多的心思放在学生身上，放在课堂教学上，放在日常管理上，做更走心的教育。"学生喜欢"才能"家长满意"，这才是搞好家校关系的根本。

创意七

活动创设，
让教师团队同向而行

马路边有两个人，前面一个挖坑，后面一个填土。路人很奇怪，便上前询问。答曰："我们在种树。"可是，树呢？答曰："本来还有一个人负责放树苗，但他没来！"挖坑、填土的两个人缺乏系统思维，看似认真敬业，实则徒劳无功。教师之间的协作何尝不是如此？班主任富有创意的善意作为，有助于打造良好的教师团队。

奢华庆典，带着"喇叭"称颂任课教师

在一期"文质说"里，张文质老师讲到东莞的一位校长，他的学校排名靠后，他变革这所学校的方式就是上任伊始就让所有的老师对家长们说："我们的校长很厉害，他有决心和办法把这个学校办好！"他还要求每一位老师在学生和家长面前赞扬其他老师。他解释道，夸校长，其实就是重建学校形象；夸老师，就是重建班级形象。这一做法最终有助于营造良好的教育氛围，校长、教师们被夸出价值感了，最终受益的是孩子。

这位校长的做法真让人拍案叫绝啊！李希贵校长有句名言："教育学就是关系学。"任何教育手段的顺利实施都伴随着关系的改善，改善同伴关系的方法有很多种，最简单易行的是真诚地赞美同伴。优秀的班主任都是夸人高手，夸学生，夸任课教师。爱到深处，张口就来，能夸得人人心花怒放、和气一团，夸得团队朝气蓬勃、蒸蒸日上！批评人要压低嗓门，但夸人要带上大喇叭。教师团队在一起搭伙干工作，一定要互相捧场。班主任夸任课老师，任课老师夸班主任，互相支撑，互相"补台"。除了常规的夸奖之外，我还别出心裁、"惊天动地"地夸了我们团队教师一次。

一、灵感翩然而至

2018 年 9 月 6 日，我作为优秀教师代表参加南阳市教师节表彰大会，当双手接过市长颁发的荣誉证书时，内心里升腾出莫大的幸福感。我脑海中灵光乍现：我为什么不在教室里也搞一个最美教师颁奖典礼，引导学生发现教师的亮点并深深认同和热爱他们呢？

二、分组和寻找

我先安排同学们寻找任课教师"一个动人的细节",并写颁奖词,引导他们感受老师们的爱和智慧,学生被熏陶着、感动着,这不就是德育内化的过程吗?

如果让学生任选一位教师的话,定会旱涝不均:主课教师、跟班走的教师、个性色彩鲜明的教师,学生关注度要大一些。怎样才能"雨露均沾"呢?按小组分!我把班里 65 个同学分成了语、数、外、物、政、史、地、生、体、音十个小组,一个小组负责给一个老师找亮点、写颁奖词。文字材料经过组内的交流、整合、提炼、润色之后,周五班会课前一天交给我,我制作课件。

三、赏析和模仿

所有技能的获得都是从模仿开始的,我从"河南校长"微信公众号上找到《带您走进 2018 "河南最美教师"颁奖典礼的几个细节》这篇文章,把颁奖词整理后印发给学生。我们先上了一节最美颁奖词赏析课,引领学生学习、总结颁奖词常用的写作角度、修辞手法、句式特点等。然后,各小组实战演练。我提出两点要求:第一,语言凝练,至少要用到一种修辞,字数在 150 字以内;第二,写作要聚焦,形象才突出,可以紧扣学科特点切入。为了激发学生写出精品的热情,我设置了一等奖一名、二等奖二名、三等奖三名几个奖项。学生们都不甘落后,写了改,改了写,乐享其中。中午,各组组长把写好的颁奖词交给我,我一看,写得还不错,这里选取一例:"最有才的教师——丁旭。你不是明星,却吸引着我们仰慕的目光;你不是学者,却为我们开了一场又一场百家讲坛。你讲史家故事,评功过是非,带我们领略历史风云的变幻!丁旭老师,有你真好!"

颁奖词高度概括的语言表达特点,考验着孩子们的观察能力、概括能力、语言组织能力。饱满的感情、排比的修辞手法,使字里行间充满了崇高感;长短句交错使用,也有一种大珠小珠落玉盘的美感。

四、猜谜和披挂

中午我没有休息，把这些颁奖词制作在 PPT 上。但怎样才能让颁奖典礼充满波澜、引人入胜呢？我让班委想想办法，他们商量的结果是设置一个"猜猜他是谁"的环节，猜的过程是再次引领同学们感受教师灵魂的闪光。同时，班委商量给每一位老师发一张奖状，把颁奖词写在奖状上，再花点钱到广告部定制十条印有"2018年最美教师"的金字红绶带给老师们披挂在身上，分分钟提升仪式感！

五、主持和颁奖

颁奖典礼开始了，王晶晶与张自信作为主持人款款走上讲台，各科课代表负责邀请各任课教师，任课教师在掌声里落座嘉宾席，主持人从教师节谈到尊师重道，然后就按照"猜猜他是谁—宣读颁奖词—颁奖留影"这样的流程进行。课代表负责给老师颁发奖状，戴上红绶带。当激动人心的颁奖音乐响起时，每个老师都双颊绯红，披着红绶带听着孩子们的颁奖词，想必也激发起老师们更爱团队、爱职业的美好感情吧！

六、细节和感动

这里面真的有许多动人的细节，仅列举两例：

数学老师吴伟本来在隔壁班级上课，激动人心的颁奖音乐响起时，吴老师闻声过来，教室里一片掌声，孩子们给她颁发的奖项是"最有耐心的教师"，一向朴素的吴伟老师，戴着红绶带站在领奖台上，双颊绯红。会后，她发来微信："苗老师，我真是太幸福了，真没想到我会受到这么隆重的表彰……"

当念到"本来可以靠脸吃饭，她偏要靠才华！她的优质课从区到市到省到全国一路斩获大奖！新婚大喜，她只请了一天假，第二天就回到讲台；她带着一个年轻的团队把本学科带到了宛城教育的最高点……"，同学们对美丽动人的张涵老师的佩服劲儿溢于言表！"没想到，这些点滴的美好都被学生看到了，真是特别幸福！"张涵老师笑着说，"只是，以后PPT上发照片能不能给我选好看点的？毕竟露脸的机会不多……"说得大家都哈哈大笑，看来老师们对这个仪式还是很重视的。顾祎老师因为有课没有到现场，此后她表达自己的遗憾和感动，特别说："咱们致远班的孩子们真是特别懂感恩，每次放学看路队，总是给老师鞠躬行礼……"

七、高潮和激励

最后，全体教师走上讲台，合影留念，齐诵"我是人民教师，立足三尺讲台，我用语言播种，用粉笔耕耘……"，整个会场的氛围达到了高潮。不得不由衷感慨，我们的任课教师团队人才济济！

我关注到所有的孩子都很兴奋，特意问他们开心什么呢，侯俊博说："咱班的老师真高配哦！我得好好学！不然，人家可该说我了，那么好的老师也教不好你！"我看着孩子们微笑，这样一节班会课，就已经催发出尊敬师长、自主成长的种子了！

八、点燃和播种

颁奖典礼让一直默默无闻的教师团队走上舞台绽放异彩，满满的仪式感点亮他们对未来的美好憧憬，也激发他们的潜能，让他们更热爱这个团队。颁奖典礼看似"耽误"了一节语文课，其实通过赏析颁奖词、撰写颁奖词，把语文学习和德育结合起来，效率更高，这就是我常常挪用语文课搞活动，学生却越来越喜欢语文课的原因吧。

后来，这场班会课的情况我发布在"双向度人"公众号上，很快，"秦守洁河南省名班主任工作室"公众号转载了，《教育时报》立即作了专题推介，后来这篇文章也发表在《班主任》杂志上。如此大张旗鼓地夸赞之后，我们班的师生越发"相看两不厌"了。最美教师的颁奖典礼，既让孩子们在体验中受到教育，也让老师们更有"我们一家人，我们一条心，我们一起拼，我们一定赢"的信念。

搭班老师方法不当，巧妙点拨同伴成长

通常一个老师 24 岁大学毕业，那么 25 岁到 35 岁，是他的事业积累期；35 岁到 45 岁，是事业成熟期；45 岁到 55 岁，是事业收获期。如果遇到搭班教师初登讲台，正处在事业积累期，要理解他的困难是客观存在的，是需要帮助的。

有一年，我遇到一个新入职的小姑娘，姑且叫她小杨吧，她对班级管理和学科教学常常抓狂。课堂上，她像一个易燃易爆品，几乎每节课都在训学生，课下又布置大量的作业弥补课堂效率低下的不足，然后全批全改排名次，弄得连备课的时间都没有了。学生作业完不成，她就批评学生，跟学生的关系很紧张。怎么帮到她呢？

一、直接帮助

因为小杨老师的课堂纪律基本无法保障，我就把办公室搬到教室。有班主任在，学生不敢造次，这就保障了课堂纪律。

班里有个学生，特沉不住气。小杨检查默写，他迫不及待地举起手喊："我！我！我！老师你挑我呀！"小杨偏不挑他，他一急之下跑上讲台擦了很小的一块黑板就写起来了。小杨生气了："××，你一向好现眼！好露能！自私自利！擦黑板就擦你的一块！"这个学生马上囧了。下课后，我把这个学生叫过来，批评了他的不守纪律，要他向小杨老师道歉，并保证在课堂上不再这样。

下课后我找到小杨说："来来，咱聊聊课堂上的事啊。×× 这个孩子，确实在课堂上没规矩。不过呢，自私呀，现眼呀，露能呀，这些词挺伤人的是不是？换个角度看待他，也可以认为他积极踊跃渴望受到重视是不是？其实呀，他真正的问题是追求即时反馈，不能延迟满足。"小杨老师不好意思道："我也是一时情急，说重了。不过，换了是你，你该怎么办？"我微笑说："你以为像××这样的性格，他只在你的课堂上这样呀？"我告诉小杨，就在我的课堂上，我刚提出一个问题，××也是举着手嚷嚷不休，我走到他的跟前，摁下他的脑袋说："先坐下，你好好思考一下，也给其他同学思考的机会，这个题目并没有那么简单。——你看，问题就这样解决了。"小杨又问课堂纪律怎么管，我也说了一些方法。

二、出手相救

又一次，小杨老师跟同学发生冲突，她将一个脾气失控的熊孩子往教室外硬拉，那孩子死活就是不出去。听到消息，我立马救场，叫熊孩子跟我出教室接受"爱的教育"，等他情绪平复，回头跟小杨道歉。我趁热打铁，在教室里教育学生，我拿着放大镜找小杨的好，夸她敬业爱岗，乐于奉献。要学生体谅小杨老师第一年上班，勇挑重任。此后，我也多次在学生们跟前夸她，发挥"第三人效应"。我平时爱奖励进步的学生一起吃大餐，有机会就带上小杨，学生发现她人其实很真诚可爱，跟他们有很多共同的爱好，渐渐地转变了对她的态度，他们之间的关系自然越来越好了。

三、曲线帮助

虽然我对小杨有过多次帮助，但是并没有从根本上解决问题，由于我们头一年搭班，彼此不够默契，怎样才能不动声色地帮助她呢？刚好有位听过我讲座的外地教师给我写了一封信，请我解答一个相似的问题。灵感来了！我写了这样一封回信：

决不埋怨学生

馨然老师：

您好！信已阅。您说您关注我的公众号很久了，对我有一种特殊的亲近和信任，非常感谢。您今年在工作上遇到了困难：教初二，带一个班的英语，这个班特别差。一个年段十多个班，竞争特别厉害，您所教的班总是排名在后，您压力非常大，情绪经常失控，跟学生关系也有些僵，但为了提高成绩，您还经常自掏腰包给孩子买奖品。您今年春天听过我的讲座，我把一个挺差的班级"扭亏为盈"，觉得我很厉害，问我怎么办。我能体会您的焦虑，我给您几个建议，希望对您能有所帮助。

第一，感受挫败，是每个教师工作的常态，理解了这点，是自我关怀的开始。

事实上，教师在工作中遇到困难，是常态。很多身经百战的老教师也会有撞到南墙的时候。我刚看过一篇文章，说某个在全国各地开讲座的名师，回到课堂上，也常为搞不定纪律而懊恼。——其实，就我所知，有类似苦恼的不止他一个。说这些，不是要您觉得名师是假的，而是想要告诉您，课堂纪律如何管理、师生关系拿捏到什么程度，本来就是一个普遍性的难题。要接纳不完美的自己，我们是人，不是神。您经历过的痛苦，很多老师甚至名师也经历过或正在经历，所以您并不孤独。我带班所谓的"扭亏为盈"，也是多种原因综合作用的结果，绝不能随意夸大，而且很多经验是不能复制的，因为兵无常势，水无常形，我也只能给您分享一些普适性的方法。听到这些，您是不是稍稍宽心一些呢？

第二，掌控情绪，立足学生的实际，多表扬，少批评，是改善师生关系的开始。

遇到问题，眼睛向内，不要把课堂效率不高的责任推卸给学生。著名的特级教师魏书生说："老师埋怨学生难教，就跟医生抱怨病人难治一样，是一种不正视现实的心态。"魏书生老师又说，社会再过一万年，也还会有"差生"，面对所谓"差生"，毫不费力地就能找到他们很多缺点，但这样只能打击他们的自信心，降低他们的自尊心，一旦学生的自尊要求降低了，任何形式的激励和批评都会失效。"差生"从不缺少批评，而是缺少鼓励、缺少肯定，如果能帮助他们找到自己的长处，就是帮助他们建立了自信心的根据地，就是帮他们找到了战胜错误的克星。

想一想，您是否批评学生过多了？不要跟学生的缺点死磕，不要总是妄图改变谁，有些缺点注定是要跟人共生一辈子的，学会忽略一部分不完美。你有没有发现，表扬比批评更有威力？看到班级秩序混乱，不要批评，要找到那个表现好的，哪怕只有一个，也要表扬。营造优良的学风需要争取到一部分学生，不要把所有的孩子都推到教育的对立面。即便对有问题的孩子也要适当留面子。正面管教之所以有立竿见影之效，跟教育者和被教育者关系的改善有关。教育学生，表扬要多于批评，批评之后要指明方向。人不可能在受压抑的状态下提高学习效率，这是人的生理机能决定的。要相信每个孩子内心都是有向上欲望的，我们要学会激发他们的内驱力。

建议您注意情绪管理。如果你常为琐屑小事发火，课堂纪律会越来越糟，这个道理很简单：没有种庄稼，荒草将越来越多。过分地关注学生的消极行为，学生会越来越抵触。他们就喜欢老师"看我不顺眼又干不掉我的样子"，而更多的学生则渐渐失去了秩序感。建议您梳理一下课堂上经常出现的问题，看看问题出现在哪里，有什么规律。然后，静下来想想对策。比如，如果经常发现课前状态懒散，就可以在上课前先激励学生：这节课，我们能不能高效学习？高效学习我们要注意哪些事项？可以提问几个学生，让学生自己立规矩，自己买单。

第三，站稳课堂，是赢得学生的开始。

馨然老师，课堂是班级建设的主阵地，是师生心灵互动的精神道场。新入职的教师容易犯的错误是把知识的获得看得太简单，跳过了学生的最近发展区。我推测您可能对学生的接受能力、课堂的组织形式、学科教学的设计还缺少了解，建议您在备课上下大功夫，把课上好是一个老师必备的能力，很多的班级管理阵地失守就是从站不稳课堂开始的。单备教材还不够，还要把教材放到一个更为广阔的知识背景上去考量，这样才有"不畏浮云遮望眼"的眼界。备好课还要备学生，学生不一样，课也不能一成不变。孩子现在小，一看到礼物就欢呼雀跃，课堂气氛短暂活跃，但如果没有提高学生的内驱力，热情仍然会低落下去。建议您也多听听同科老师的课，甚至您可以跨学科听听课。抱着学习的心态，学习同行的课堂组织形式、教学设计、师生互动情感模式等，取长补短，内化于己。

当一个老师站在讲台上真心欣赏学生的时候，他是能感受得到的。馨然老师，教育不仅需要情怀，还需要科学。没有谁天生就是好教师，我们都是在一路修行。祝早日破局，心情愉快！

苗旭峰

我知道搭班老师一直在关注我的公众号推文。写完这封信，我将它发表在我的公众号上。果真，她看了我的文章，也发生了不小的转变。后来，她在教研组长的帮助下进步很大，她跟学生的关系也越来越融洽，自然，跟我的关系也越来越和谐、默契。

巧借热点，引导学生拥抱"不完美的教师"

《老师·好》热播的时候，刚好赶上我们班一位任课教师跟个别学生之间出现了一些龃龉。而这部温情校园电影拍摄的初衷，就是导演看到如今很多失败的师生关系情景，所以想谈谈记忆中的老师形象。在这样的背景下，借着《老师·好》的热度，借力打力，开一节班会课是很有必要的。

一、理解人物，接纳不完美

星期天，我要求孩子们走进影院看《老师·好》。周一的课堂上，我们重温剧情，我问："影片感人吗？"都答感人。我又问："苗宛秋老师的形象完美吗？"大家都说不完美。

我说："看完《老师·好》后，我有几点启示：每个老师都不一定是完美的，但每个老师想让你上进、为你前程着想的心，一定是最真诚的。你觉得老师不懂你们，其实老师的出发点都是为了学生。每个人都是优点缺点并存的，没有完人，我们要接纳不完美的教师。"

二、链接生活，察人之美

接着我又问："我们的身边有没有苗宛秋这样的老师呢？"边说边展示图片：吴伟老师给学生个别辅导，王甲川老师在花坛边给学生进行考前规划，赵平老师给学生讲课到很晚，丁旭老师拿着棒棒糖进教室，张涵老师在教室外给学生进行考前指导……通过一张张图片，唤醒学生对老师的温馨回忆，我看到同学们已经受到触动了，就说："来，说说我们的老师们吧！无论是夸还是吐槽都可以。"

有学生夸数学老师:"吴老师每天中午都要单独辅导同学们,不管有多少作业,都全批全改。她对我们特别好,像亲人。"

有学生夸英语老师:"王老师整天坐在后面陪伴着我们,咱们班的成绩从垫底到现在跟其他班的差距越来越小,他真下了大功夫!"

有学生夸政治老师:"涵姐特别暖心又特别严厉,她跟我们很铁。"

也有学生夸历史老师:"丁旭老师对我们很亲,她有时候上课脚踩在凳子上,我以为是她的习惯,原来是腰椎太疼!"

也有学生夸物理老师:"赵老师的孩子就在8班,但她却把更多的爱给了我们!"

也有夸我的:"我说说苗老师吧,她每天来得最早,走得最晚,回家路上还要顺便做家访,她说她当班主任以来,还从来没有看过洒满阳光的南阳大街……"

整个教室里笼罩着一片静谧而美好的氛围。

三、转换镜头,直面过失

光让学生夸,这可不是我的目的,我说:"下一个环节,你们期待已久——吐槽老师!"

这下热闹了,这个老师的作业多,那个老师爱拖堂,诸如此类的各种缺点尽收眼底。我微笑道:"哦,看来我们的工作失误还真不少,我会反馈给其他老师,我们努力改进。同学们,你们说哪些属于不可原谅的?"同学们看出了老师的多数失误源自对学业的关注,大都表示出理解。

四、巧妙引导,唤起理解

我笑道:"看来你们都对老师抱着一种复杂的感情啊!说真的,老师也挺不容易的,给大家看看网上的这些段子吧!"我打开大屏幕:

师者，光辉的职业，注定更多奉献。

生活与清苦为伴，一生与享受无缘。

清晨五点来学校，午夜查寝带月归。

春夏秋冬少睡眠，一日三餐时不对。

年级比，班班比，人人比，只怕成绩下滑。

战题海，保流失，常查网吧游戏声，又念手机聊天频。

早恋拉爆，安抚如春风；厌学出走，召唤似亲人。

教学辅导是专家，寝室失盗是警察，学生生病是保姆，意外受伤是医生，全能全才，无所不能。

电控操作允许有次品，言传身教要求无差生。

甘做人梯，只能看到人家的孩子往上爬；乐为渡船，自己的人生只能原地打转。

教育耕耘二十载，劳苦薪金两千余。

孝母养子力不足，节衣缩食自宽心。

清苦如食草，多挤奶水；辛酸苦乐，唯我自知。

教师是什么？是主持人：因为整天为公开课想游戏和花招；是演员：因为一会儿态度和蔼一会儿暴跳如雷；是美工：因为整天写黑板、布置教室；是作家：因为整天写计划和论文。

教师像把盐，吃着有点咸，家家离不了，就是不值钱。

学生们笑得乐不可支。我说："我想同学们的笑声里也有对老师的理解吧。再看网上的一些图片。"

我给学生展示了当班主任一年、三年、五年、十年的图片和容嬷嬷隔着门窗盯人的图片，班里又是一片笑声。接着，我展示了一篇小作文，题为"20年后的我"："今天天气不错，我和漂亮的老婆带着一对可爱的儿女环游世界，突然路边冲出一个浑身恶臭无家可归的老太太。天啊，他竟然是我20年前的班主任！"学生大笑。我说："教师很辛苦，但很多人对教师这个职业理解不够。作为过去的学生，现在的老师，苗老师最想说的是，老师是除你父母之外最渴望你学好、过好的人，为此他们拼尽全力。"

五、拓展延伸，深化认识

我再次发问："中外影片中关于教师的经典形象还有哪些？"学生们边说，我边播放 PPT：《放牛班的春天》里的马修、《死亡诗社》里的基汀、《嗝嗝老师》里的奈娜、《生命因你而动听》里的霍兰、《心灵捕手》里的蓝波、《街头日记》里的艾琳、《一个都不能少》里的魏敏芝、《地球上的星星》里的尼克……我说："这些影片中的老师也都有着这样或那样的缺点，他们的教学实践也未必都是成功的，但他们都有一颗赤诚的心！社会上把老师推上神坛，但老师只是普通人，老师不是神，而是有缺点的好人。教育，就是一个不完美的人带着一群不完美的人，向着完美奔去！"

我特别讲了我学生时代受到老师关怀的事情。初中时邱广欣老师给我的鼓励，让我树立了信心；高中时郭德山老师对我和我妹妹的关照，让我们顺利地完成了学业，他也改变了我们村很多孩子的命运，这是永远需要铭记的；我也讲了郭老师的爱人王老师从当年美丽活泼的音乐老师到多年瘫坐在轮椅上要人照顾的情形，眼泪就忍不住流了下来。我说："给我帮助的老师还有很多，如果没有他们，现实早已经把我撞击得千疮百孔。这些老师，他们也有各自的不完美，可是这不妨碍我敬重他们。"

教室里一片寂静，同学们都在沉默中思考。

接下来，我播放刘肖老师作词的《一切都给你》的视频，"把花给你 / 把叶给你 / 花的芬芳 / 叶的蓬勃 / 一切都给你 / 把青春给你 / 把未来给你 / 青春短暂 / 未来悠远 / 一切都给你"，学生们小声哼唱着，教室里泪光闪闪。

这节课临近尾声，我布置作业，让学生写了一篇日记"老师，你听我说"，进行德育内化。

在这节班会课上，我对学科教师的夸奖和理解只是点到为止，但是孩子们深深地理解了老师的深情。我以影片为媒介引发学生思考，以音乐视频短片结尾升华感情，激发学生对正确师生关系的认识，重新理解教师工作的复杂性、专业性，培养学生尊师的品德。

"长柄勺子"助力伙伴放异彩

天堂和地狱的区别不在于有没有长柄勺子,而在于长柄勺子怎么用。团队伙伴有难题,班主任要主动相帮。作为班主任,我尽力帮助。任课教师要成绩要时间,我给;要晋级要证书,我搞活动会把他们的名字写上;任课教师家里有事,我第一时间到位,帮助调课上课。只要是跟我搭班,我都把他们看得很亲。反过来,当你把长柄勺子给了别人,别人也会把长柄勺子给你。

要开家长会了,教数学的吴老师学科教学能力很强,但是写东西确实勉为其难,她写了两遍,都不理想:鼓励学生,鼓励得不到位;夸奖我,夸奖得也不动人。当时吴老师初来乍到,我考虑到这次家长会是她的第一次"登场亮相",需要帮她打造好首因效应,思忖了片刻,我说:"我来吧……"因为跟吴老师朝夕相处,情同姐妹,她平时说话的内容、语气我都拿捏得很准确,放学后,我还留在学校修改她的稿子,最后完成了这篇发言稿。

你不是一个人在努力!

尊敬的家长们,亲爱的同学们:

参加这次规模浩大、场面隆重的大型班会暨家长会,你们优秀的表现,让一向不善言辞的我也有了想与你们推心置腹交流心声的强烈冲动。在朝夕相处的每个日子里,你们的勤奋努力、刻苦认真,我都看在眼里;你们的成功失败、欢乐泪水,我都感同身受。求学不易,我很骄傲成为你们并肩作战、荣辱与共的战友!

同学们,在开班会之前,苗老师安排你们给父母写一封信汇报成绩,有些同学信中流露出为难情绪,觉得奋斗太苦。而我想说的是,上坡路都难走。司汤达说:"写过,爱过,活过。"我想说:"学过,拼过,活过。"拼尽全力才能活出最好的自己!而且,你们从来都不是一个人在奋斗!你们的背后有你们父母的全力支持——当你吃到可口的饭菜,请看一眼厨房里忙碌的背影;当你脾气见长,动不动就炸毛,请看看父母因操劳而日趋憔悴的面容。请用一颗心,记住父母的深情。

在朝夕相处的每个日子里,苗老师的辛苦我也看在眼里,你成绩升了降了,你们的情绪高了低了,她都看在眼里。早读、午辅、两操,时时在场;学习、纪律、教室卫生、清洁区卫生、你们的成绩、心理状态,种种操心;师生关系、生生关系、家校关系,样样需要协调;各种表格、各种信息、课题论文、各项评比、各种临时任务,桩桩需要应对。即使出差开会,都是人在异地心在班级。咱们是个窗口学校,各种活动特别多,运动会到了,你们的苗老师就是体育老师,组织团队拔河、做操、踏步、喊口号;艺术节到了,你们的苗老师就是音乐老师,写台词、教朗诵、排队型、下载音乐指导你们唱歌、跳舞、弹琴;检查班级板报时,你们的苗老师就是美术老师。

昨天苗老师的公众号更新了四篇学生作文,大家都夸我们班的作文写得好。有没有想到,为什么写出好文章的是你们?自己想一想,苗老师为培养你们下了多少功夫?这些创意她思考了多长时间?她搜集了多少资料?给你们印发了多少学习材料?你们的作文是怎么一步一步指导出来的?为了给你们鼓励,昨天晚上11点苗老师还在办公室里发文,走的时候全校没有一个人。听王老师说,苗老师每天什么时候到家的,他不知道;什么时候走的,他不知道;教着同一个班,一个星期只有过双休日才在一起吃几顿饭,有时候可儿一星期见不到妈妈一次面,除非到星期天。"我走娃未醒,我归娃已睡",操着别人家娃儿的心,没时间管自己的娃儿,多少老师就是这样付出的!

咱们班的成绩与其他班级的差距已经缩小,这背地里有老师的无数付出。尤其是咱们这个班的数学和英语基础极为薄弱。数学差,直接导致咱们班物理成绩也受挫,每次考出来的成绩都让我们这些不甘落后的老师们颜面扫地。但是,我们所有的老师们都没有气馁,天天一溜小跑,费力地给你们往上推、往上推!网上有段话说,老师这个职业吧,说得形象点就是每天带着学生在知识的海洋里畅游，畅游一段时间后，你会发现只有你一个人上岸了，然后你还得返回，一个一个去捞。有些学生吧，昨天才捞上来，今天又掉下去了，还得捞。在你喘息之际，你会惊恐地发现：还有往回游的！是不是很形象？那我们该怎么办呢？只有使出洪荒之力，再捞！

可是同学们，尤其是那些出现了学习困难的同学们，别光等着老师捞你们，学习更需要主动性！你们的智力没有太大的差别，差别在于学习的动机，在动机面前，基础也算不了什么！其实初中的知识没有多少，想努力的话，很快就能补上去！家长们也要多关注孩子的学情，有时候，他们不是不想努力，而是出现了学科学习困难，可以找一对一辅导。

在此，我代表咱们班所有老师向你们郑重承诺：请你们相信老师，有你们的地方，必定有老师的身影！我们一定以满腔的热情、全部的耐心，与你们风雨同舟，携手并进！春风走过，大地知道！真正拼过，心灵知道！你若不离不弃，我必一路相依！

致远班的勇士们，加油！

这篇稿子基于吴老师原来的稿子进行了适当的渲染，情真意切，语言铿锵，与吴老师的讲话风格毫无违和感。家长会上，家长和学生济济一堂，吴老师的开场亮相，惊艳到了他们。我这样修改，既帮吴老师树立了威信，也借吴老师之口引导学生夸了家长，夸了我自己。——必须理解班主任的这份用心，不是因为虚荣，而是基于工作需要。自己夸自己不好下口，夸人可以发挥"第三人效应"，互相夸，也是建设教师队伍形象的一个方法。

写发言稿只是一个例子，其实同事之间互相"补台""捧场""救火"甚至甘当人梯的事情不只这些，只要不违反原则，尽可以成人之美，用"长柄勺子"在一个锅里搅稀稠，让团队伙伴其乐融融。

需要注意，以上创意对于教师团队建设属于"锦上添花"，但"锦上添花"的前提是团队必须是一块"锦"，如果团队本身就是"麻袋"，"麻袋上绣花"怎么都绣不好。

创意八

因材施教，
让个体教育更有温度

班主任都是跟具体的人打交道。在校园相遇的生命历程里，师长的引领、同伴的友爱和求知的渴望，是孩子们幸福的源泉。教师应该成为孩子们心中的"明亮那方"，做温暖的教育，做走心的教育，引领孩子们向着美好奔去。

被学生骂了，热问题要冷处理

问一个问题：老师，你被学生骂过吗？我相信绝大多数老师会不好意思地举起手来并相视一笑说：彼此彼此啊！

是啊，大海里没有不带伤的船。如果我们明白这是工作的常态，也许会获得另一种心境；如果我们能冷静对待，也许会获得另一种治愈。

在秦守洁河南省名班主任工作室里，我们曾探讨过"被学生骂了，你怎么办"，我和兰经天老师的两个教学案例颇有代表性。

巧用微信，点到为止

一、不妨装傻

晚自习下课后，我离开教室时几个女孩跟了上来："苗老师，刚才您批评博，博骂您了！""哦……这就是一个语言习惯的问题，没多大点事儿，你们回去吧！"

教书这么多年，对学生是否喜欢自己，我早已等闲视之。既然做了老师，就要有充足的心理准备，随时接受那些不喜欢你的孩子疏远你甚至反对你，这是一个老师的基本素养。

二、反思原因

被博骂，事出有因。检查作业，博又没有达标，他的作业一贯敷衍。博虽不勤奋却也聪明，不免有几分自负。关键还在于家教，博妈见我第一面当着孩子就以"我这个人是个直性子……"扯起话头，把前任班主任说得一无是处，我委婉地否定了她。可以想象，一个习惯了家长苛责老师的孩子，对老师能有什么好评？对于晚自习课上的批评，他当时就瞪着眼睛看着我，嘴里不满地嘟囔着什么。开学才一个月，师生之间的感情还没有充分建立起来,再者,我也不太清楚博是什么脾气,万一老师一批评,他情绪激动闹起来怎么办呢?我不愿在大庭广众之下跟一个孩子发生争执,同时也有教学任务需要完成,就装作没看见。最关键的是,我相信人人生而向善,我相信就如水有自净功能一样,人的自我教育也需要一个过程、一个契机,但我愿意去等。时间长着呢,慢慢来。

三、破冰之举

契机很快就来了。次日早自习课上,我在教室辅导学生,目光与博对接,他躲闪开了,我感受到了他的难为情。我翻到一条手机微信,轻轻地说:"来,你看看。"他伸出头,朋友圈里有老师转发这样的一段话:"我们都是刀子嘴豆腐心的老师,上课总点你,不是你不优秀,而是帮助你更优秀;严格要求你,不是老师苛刻,而是这个社会要求越来越高;公开批评你,不是不给你面子,而是提醒大家都注意。不理你,才是真的放弃你。"

他看过,我们对视一笑,彼此心领神会,一切风轻云淡。

难得糊涂,不妨糊涂。当然博还存在着其他问题,我并不指望一次把他所有的问题全拿下。教育是慢的艺术,教育是一种温暖的等待,这是教育的胸怀,更是教育的境界。

有一种教育智慧叫"你欠我一句对不起"

一、遭遇恶搞

我曾经被学生骂过,骂得很嚣张。班里有一个QQ群,他在群里公开骂我,而且他知道我本人就在群里,他都没有匿名,甚至把我的照片发到群里恶搞。

二、追本溯源

第一时间我非常生气,但是理智告诉我,别着急追究学生责任,首先要反思自己,是不是自己的工作方式出问题了?

确实,我当天上午对他课堂上犯的错误处理过重,而且由于我不是班主任,对这个学生的个性、家庭背景了解得都不够多,只注意到了这个孩子近期在课堂上表现一直不好,所以药下猛了。

三、主动恳谈

冷静了几天,我把这个学生单独叫出来,对他说:"我叫你出来不是为了追究你的责任,更不想逼着你道歉,否则我早就找你的班主任和家长了,所以你不会面临多么严重的后果。不过我还是希望你现在想一想:你把我想成一个坏人,要多坏有多坏,要多损有多损,要多缺德有多缺德。你曾经得罪我了,现在你可能会面临什么?"

他等了半天说:"那就不管我了呗。"我说:"何止是不管你,如果我是一个报复心极强的人,你今后在学校将会没有一天好日子,甚至你可能在学校都待不下去。如果我是一个城府极深的阴险小人,我会在你毕业之前乐乐呵呵地,在不知不觉中毁掉你。但是职业道德和良心告诉我,我是老师,你是学生,我不可以这么做。孩子,在学校你得罪了你的同学、老师,你不会被怎样,因为这个群体本身没那么复杂,不可能把你怎么样,但是社会上的人是复杂的,你无法保证今后不会遇到报复心极强的人或者城府极深的阴险小人,如果你因一时委屈、一时不满,想怎么发泄就怎么发泄,不顾及后果,那么有可能搭上的就是你一辈子的前途和幸福。社会没有保护伞,你只能学会自己保护自己。我不会找你的茬,你永远是我的学生,我也不会逼着你向我道歉,更不会让你的班主任和家长去收拾你,但是你要记住,你欠我一句'对不起',什么时候想说了,过来对我说。"

四、恕道即仁

在接下来的课堂上,我对待这个学生仍然像对待其他学生一样,没有用有色眼镜看他。他偶尔趴在桌子上睡觉,我不去惊扰他,他表现好的时候,我依然会给他鼓励。以我对他的了解,我从来没有对他向我道歉抱有任何幻想,作为老师,我只想把我该做的事情做了,至于他会不会理解,能理解到什么程度,看他自己的造化吧!

五、石头唱歌

没想到,毕业离校的那一天,同学们都过来找我拥抱,他也过来了,他抱住我时轻轻在我耳边说了一句:"兰老师,对不起。"

六、教育反思

学生骂老师，不能单单归结为学生个人品质的问题，一定存在很多方面的原因，其中之一就是关系出了问题。在师生关系里，教师还是有主动权的，要冷静下来，先剖析自己，积极行动，以德报怨。自己做错了，要反思，不贰过；自己没有做错，也要反思，换个处理方式，结果可能柳暗花明，这是提高自身修养和工作能力的根本方式。

在第一个案例中，师生矛盾"疾在腠理"，属于"汤熨之所及也"，一条微信就可以不动声色地化解矛盾；在第二个案例中，师生矛盾似乎已经"病在肌肤"了，所以需要"针石之所及"，兰老师选择了直面问题，动之以情，晓之以理，最终用高尚纯洁的师爱赢得了学生的爱戴。

可以看到，在处理师生关系上，教师还是有主动权的，当学生情绪激动时，教师一定要告诉自己："他还只是个孩子。"遇到学生无礼，热问题要冷处理，分析背后的原因：是学生的修养问题，还是自己处理问题不当？是有误会，还是真的有矛盾？弄清原因，放低姿态，放下偏见，主动恳谈，用心感化，真诚等待。

没有那么严重,我也当过小偷

一、思考缘起

我曾参加过一次班主任基本功大赛,答辩环节,一个年轻班主任抽到这样的题目:某班发生失窃事件,200多元钱在课间不翼而飞,有了怀疑对象,只是没有实据,不能即刻破解,你该怎么处理?

这位班主任的回答是,召开主题班会给学生讲"小时偷针,长大偷金"的道理,给偷窃的学生施压,让他在四面楚歌里交出"赃款"。

我在思考:遇到这样的问题我该怎么做?其实,这样的问题我遇见过。

二、接到"报案"

那时我在一所寄宿式学校教学,一天中午,几个男生到办公室反映宿舍经常丢东西:牙膏、卫生纸等生活用品,连着两天不翼而飞。最后孩子们还吞吞吐吐地说,还丢了一部新手机。我在教室里三令五申不许带手机,结果孩子带了,还丢了!

我想,如果说"丢了活该",我是省心了,但学生的实际问题并没有解决,隐藏在偷盗后面的矛盾还会发酵,他们也不会服气班主任。尽管把手机带进校园不对,但这毕竟是一笔不小的财物,出了事得帮助孩子们解决。

三、调查情况

我问学生有线索没有,他们说怀疑同宿舍的小刘。我问:根据是什么?

小刘这段时间有什么反常表现？据我当班主任的经验，孩子偷东西通常有如下原因：爱占小便宜；在集体生活中比较弱势，又缺乏解决问题的能力，就用偷盗泄愤；受到了校园欺凌，不"进贡"就得挨打，只好偷东西；这一段生活困难，偷点钱缓解经济危机等。

学生七嘴八舌地说着小刘的异常：各种畏畏缩缩，经常风声鹤唳。我心里已经有数了，但涉及名誉的事情，不能不慎重。我让学生先回去，并叮嘱他们案子侦破之前不要声张，没证据不能主观臆断，以免使学生议论纷纷，破坏班级稳定。

四、单刀直入

我把小刘叫到了我的办公室，顺手把门带上，密闭的空间里人们往往容易敞开心扉。我先坐下，态度平和，开门见山："小刘，大家都怀疑你。"

"我没偷！"他气愤地说。

我没有恼："为什么大家这么怀疑你呢？"

他委屈极了："他们就爱冤枉我！"小刘打开了话匣子，愤愤不平地说同学们怎么欺负他。虽然他的表达里有一些主观的成分，但我意识到，一个孩子如果总觉得自己被损害，不仅在于他在集体里确实没有得到过足够的爱，还在于他受到的某些伤害从来不曾被治愈。

我让他坐下，给他倒了杯水，说："请相信苗老师，你有什么委屈可以说。"我一边听小刘诉说，一边捕捉他的反常表现。我相信我能听出蛛丝马迹，他是个孩子，不是职业小偷，没那么大的反侦察能力。

在他凌乱的表达里，我梳理出了一些线索。他在小学三年级时插班到乡小学，班里的同学关系固化，大家看他个头小、成绩差，常欺负他，而班主任不注重心理辅导，只看分数，所以他一路带伤成长，对欺负他的人恨之入骨却没有办法，慢慢就变得"腹黑"了。

其实话说到这里，问题几乎呼之欲出。但我有意延宕，我想把问题彻底解决。我拿了纸巾给他拭泪，说："其实我也被别人欺负过，你的感受我能理解。"

五、共情沟通

我说，我小学三年级时从村里转学到乡镇小学，住在亲戚家，常常被镇上的男生欺负，尤其是后排一个姓刘的瘸腿男生和那个姓朱的同桌。那时候每天下午都要写大字，他们捂着鼻子大呼小叫，说我的墨水把他们熏死了，还用毛笔作势在我的衣服上涂画，我告诉老师，老师骂完他们，他们转过来还会变本加厉地损害我。有一次我忍无可忍，拿了板凳砸那个瘸腿男生，心想我非跟你们鱼死网破不可。结果板凳没有落下去，被急忙冲来的班主任喝止，骂我"冲动""个性强""就你们几个事稠"，对问题产生的原因，班主任却不闻不问。一个父母不在身边的孩子，内心里的孤独无助是无法言喻的。打不过我就搞破坏，偷偷地撕他们的作业本呀，推他们的桌子呀……我说："我也破坏过别人的东西，也偷过人家的东西。这还有个偷的由头，没道理的我也干过。我上初一时，看上了门口小卖铺的一支英雄牌钢笔，趁卖东西的阿姨忙时悄悄装兜里就走，被人家当场抓获，哎呀……你看，我现在也没有成为一个坏人。"

我这不是引蛇出洞，我说的都是实情。因为自己受过伤，我能体谅那些被损害的孩子的心理，也常常生出一种心理，巴不得我遇到的每一个孩子都被善待。我有时候也给学生讲我当年的糗事，讲我的心路历程，他们常常因此感觉找到了同路人，减轻了压力，看到了希望。

事情到了这里，小刘如实承认："老师，宿舍里的那些坏事是我干的，手机也是我拿的，现在在我的袄里……"案件到此告破，当小刘把手机交给我的那一刻，我能感受到他的如释重负。我告诉小刘："做了错事人是有压力的，那种自己都瞧不起自己的感受，很难受。立人先立品，要做一个光明磊落的人，遇到问题走正当渠道解决。"小刘哭着把手机交给我说："苗老师，从来没有人像你这样理解我！我以后再也不这样了。"

六、巧妙归还

手机已经在我手上了，接下来怎么办？虽然小刘已经"两袖清风"了，但我怎么给他打个圆场？我不愿意让一个孩子背着"贼名"被同学们孤立，一辈子抬不起头。我看到很多有经验的班主任运用"空箱子"的办法，即把一个空箱子放在远处，让孩子们一个个单独过去，手里"有货"的同学把"赃物"悄悄丢进去。我跟小刘说了我的想法，叮嘱小刘届时也走个过场，找个台阶下，他自然感激连连。后来，我在教室里"煞有介事"地做了思想动员，在讲台上摆上了一个空箱子，在晚自习时间关了灯，让学生在黑暗里从讲台上走一趟，手机"果真"失而复得，事情完满解决。

此后，我把"报案"的男孩子单独叫来，告诉他们，手机找到了，是谁拿的我也不知道，你们也不要再猜测。我讲了"楚庄王灭烛绝缨"和"曹操当众焚烧'通敌信'"的故事，然后说，给人留面子是德行，给人留下改过的空间，也是给自己积累一份受人敬重的福分。如果你们再纠缠，手机就没收了。我也讲了小刘的成长经历，他们表示能接纳这个缺爱的孩子。

之后，我开了一个治愈系的主题班会"我们是一家人"，谈了同学之间如何相处的道理，特别谈了如何"包容"尤其是"容错"。小刘也越来越被集体接纳，对我产生了很深的敬意，变得越来越懂事了。而这个宿舍的孩子，从此对我更是敬佩有加。

七、深化教育

这个故事发生在鸿鹄班，但一年之后得到深化。

带致远班时，有感于学生写议论文无限上纲，我念了尚爱兰在《蒋方舟的作文革命》里的一段话：学生作文习惯有一点点小事往无限远的地方推理："三班垃圾倒在我们班的卫生区，这是一种自私的行为。"这样结尾他当然嫌不够有力，于是把后果往最严重的地方引去："如果他们班的人到了社会上，就会只顾自己不顾别人！如果社会上人人如此，那么我们的社会就会一片冰冷！"最后的推理把自己也吓住了："要是这样继续的话，这世界上就没有人存在了！"这个深远的假设，适用于所有的坏结果："如果世界上的人都不知道和平的珍贵，互相打杀个没完，世界上就没有人存在了！""如果不讲诚信,你骗我我骗你,那么人类最终就会消亡!""如果我们继续猎杀野生动物,最终只剩下人类,那么地球就会因为生态失衡而不存在!"我每每看到这样的逻辑就加个红线,好像看到了他们写这些话时,已经狠狠地把纸划破,觉得很可乐。

我说,无限上纲,这固然是议论文写作中的问题,何尝不是一种思维方法的问题呢?我又提到了"偷盗"的话题,问学生:"你们有没有偷过东西?"说着我率先举起了手,孩子们一下子乐了,连那些品学兼优的孩子也笑哈哈地举起了手。班长王晶晶说:"偷东西这事儿,谁没干过!"大家兴致勃勃,谈各自的"偷盗"经历和被"抓"的糗事,大家笑哈哈地你看着我我看着你,说"彼此彼此"啊!

我说:"你们现在还会偷东西吗?"大部分孩子说不会,也有孩子说,不一定哦。我说:"人这一辈子要活很久呢!人每一天都在成长,你这会儿的想法可能跟昨天的想法都不一样,我们哪个人敢说自己没有做过不得体的事情、不正确的事情?未来不会因为你的一次不得体、不正确就变得一片灰暗。无限制地放大别人的错误,是缺乏同理心,是修为不够;无限制地放大自己的错误,是不懂自我关怀。无论哪一种都是缺少成长型思维的表现。1%的错误不会必然导致100%的失败,今天的小错不会必然导致未来的大错。如果一个人犯错误,就要承担无限扩大的压力和惩罚,那么没有一个人是安全的……"

八、教后反思

孩子们偷东西的原因是多方面的,教育者都要有容错的胸怀,不要把偷盗归结为学生品质有问题,归结为学生道德败坏。相信一个偷东西的孩子内心是很纠结的,他顶着很大的压力。很多时候,孩子们拒不交代,是被那句可怕的"小时偷针,长大偷金"给吓住的,是被未来可能被人孤立、名誉受损给吓住的。事实上,并不是所有偶尔犯错的孩子都必然成为坏人。无限放大渲染某种错误的现象,在教育教学中常常出现,有时候反倒把学生推到受教育的对立面,我时常提醒自己不要那样。想引导学生纠错不如来点同理心，让学生看到成长的力量。相信人人都有向好之心，离开了特定的环境，治愈了特定的心情，人的行为也会发生改变。无限上纲上线式的推理除了让学生畏惧之外，并无益处。教师尤其是班主任应该是治愈系的，"善莫大于恕"，有容错的胸怀，有等待成长的耐性，才有给予孩子希望的力量。

三招治"话痨"

启航班有五个孩子:高、丁、王、吴、汪,他们爱说话,行为随意。课堂上,丁、吴、汪"大弦嘈嘈如急雨",王、高"小弦切切如私语",对班风影响很大。为这几个孩子,我绞尽了脑汁。经过半年的观察、磨合,我用三招搞定了他们。

第一招:借用舆论力量,给"话痨"画像

我先把几个"话痨"找来谈话:"你们觉得咱们这些天谁爱说话?一个一个来。"几个孩子都不抵赖,都承认自己有问题,也都表示"实在管不住自己"。我说:"知道大家是怎么看待你们的吗?"他们摇头表示不知道,我说:"走,进教室。"

我拿出几张小纸条,那是我私下里找学生给"话痨"画像的习作片段:

画像1:课堂上,吴的小嘴巴吧嗒吧嗒说个不停,老师在讲台旁给他安排了一个座位,让他随时接受"爱的教育"。可是,他很快"隔着一条浅浅的天河"跟丁"眉来眼去"了,有时候还踊跃到讲台上手舞足蹈呢!丁也不闲着,他眼观六路、耳听八方,常常以一句石破天惊的"嘘——老师来了"让正在上蹿下跳的吴立刻石化,他们深为自己练就的自欺欺人的功力而自鸣得意。

画像2:下课了,丁、王、吴趁机闹腾起来,你打我一下,我打你一下。说话伴随着扭头寻找同伴的动作,椅子随之晃荡,发出吱扭吱扭的声音。桌子也随之歪斜,桌面上"杯盘狼藉"。该分发点心了。高说:"老师,能不能给我多分一些?"丁也跑过来,提出同样的问题。

……

孩子们笑得东倒西歪。我问："你们觉得这样好不好？"

"不好，这些跟课堂内容无关，干扰我们上课。"

"他把课堂当成自己的表演舞台了，把大家当观众了。"

"偶尔逗乐还好，太多了，哗众取宠了。"

……

我把"干扰课堂""哗众取宠"等词语写在黑板上。我说："鲁迅有句名言叫'浪费别人的时间等于——'"

"谋财害命！"

"浪费自己的时间等于——"

"慢性自杀！"

我看着这几个孩子，他们有点不好意思。

在这里，我利用了班级舆论，对这几个孩子形成了心理约束。

第二招：因材施教，对症下药

对吴，送他两个大礼包。一是任命他当班长，他有这个能力；二是他想跟丁做同桌，全班同学都不同意，但老师就是在"虽千万人吾往矣"的氛围下满足他们，并当众签订君子协定：你们两个挨着坐，不可说话，一旦说话，按对角线的距离调整座位。

对汪，做成长记录，做个案分析，半年为他写了上万字，私发给他看。家访，送一盆兰花，告诉他，君子如兰，要有静气，不浮躁不喧闹，并签订君子协定：老师帮你提成绩，你要控制情绪。

对丁，谈心，虎着脸训斥："丁的嘴，黄河的水！你期末考试能考多少？""嗯，老师，叫我想想，我考班级前三名吧！""不行！年段前三！来，这里有张小卡片，立上字据。——知道你为什么本来能进年段前三你却进不了吗？——你话多！浮躁！"

对高，谈心，摸摸头："高啊，你才思敏捷，老师非常欣赏，不过老师讲课有自己的方向，老师向西走，你不能因为知道东、北、南的知识，就把话题往那几个方向带啊！保持对世界的好奇心是一种优秀品质，静静思考是一种更为优秀的品质。重复我刚才说的话。"高重复我的话，我说："记住了吗？""记住了。""嗯，过一段时间我会要你背诵这句话哦！"

对王，拉长脸，制造"黑云压城城欲摧"的气氛："还记得期末考试后你哭了吗？为什么哭？说！""我……我没考到班级前十！""这学期能考到班级前十吗？"摇摇头。"哼，你没有考到前十名是你以前浮躁不专心造成的，如果你还浮躁不专心，就等着这次期末考试后还哭吧！你如果这样，我再也不理你了！""呜呜，老师，不要不理我嘛，我改还不行吗？"

为什么这样做呢？这五个孩子的共同点是：好奇心强，精力旺盛，思维敏捷，只是都太才华横溢了，常常因为和老师产生了思想上的共鸣而按捺不住强烈的表达欲，滔滔不绝地说起来。他们呈现出来的问题是一样的，但背后的原因是不一样的，处理的方法也应有所区别。

吴才干出众，讲义气，一直想当班长，是个想封神的孙猴子，因此给他"官"，给他荣耀，给他责任，给他压力。他看到了半年来因为他丢了班级文明奖，老师也没"挟私报复"，对他一如既往地关心，还满足了他想要和丁坐在一起的愿望，被老师的宽广胸怀所感动，这学期安静了。

汪有些浅思考，幼年有过与父母分离的经历，安全感匮乏，对抗型性格，渴望得到关注，脾气暴躁。所以我们签订君子协定，以免他在惩罚时抵触。我还把他做的各种匪夷所思的事写成上万字的教育叙事，私下里给他看。他很不好意思："老师，我真想打自己一顿……"他相信老师是爱他的，内心里有了安全感，所以愿意变乖。

丁敏而好学，学习力强，有考年段前几名的实力，因而我用目标激励他。他心态阳光，重情义，看重和吴的友情，对老师有天然的亲近，所以对他"粗暴"点，他不会误解老师的好意，反而知道话痨的严重危害。丁妈妈是高学历，重视孩子的教育，在孩子心中有威望，可以借力。

高在数学课和英语课上优势不明显，比较安静。语文课陷入炫才的表现欲中，对课堂干扰很大，有时候使任务不能如期完成。高自尊心强，所以老师要"轻拿轻放"，高妈妈是高学历，懂教育，可以借力。

王是阳光小孩，胸怀宽广，有考进班级前十的实力和愿望，所以我用目标驱动他，提醒他不忘初心，方得始终。同时，他也是对老师最热忱的孩子,所以老师利用对他的态度冷暖改变他的行为习惯很有效。

第三招:标本兼治,持之以恒地打造班级静文化

《围炉夜话》曰:"教小儿宜严,严气足以平躁气。"如果班风沉静,让静气在教室里静静流淌,也容易唤醒这些孩子"无需提醒的自觉",所谓"火大无湿柴"讲的就是环境对人的影响。如果班风浮躁,那就不要只怪这几个话痨了,以后还会滋生出更多的话痨。

拿自己开刀。我反思自己,课堂纪律不安静,我的问题在哪里呢?因为刚到新环境,我太渴望得到学生的接纳了,过分地追求课堂的丰富多彩,喜欢用引起孩子们兴奋的方式表达,刺激和助长了孩子们的浮躁。从我做起,努力保持一颗平常心,控制自己的音量,力求用最朴素的内容和相对朴素的形式培养学生的注意力。

从整体上营造静的氛围。我围绕班级育人目标提出"三控"(控制闲话、控制小动作、控制情绪)和"三静"(静坐、静听、静思),反复解读,让"静"深入人心。我多次在班级里说:"表达是一种能力,倾听是一种修养""提高自制力,是一个人成功的坚实基础""静一点,你才能够听到文明的声音"等,同学们已经达到了老师说了上句就能说出下句的程度。

选择性忽略部分消极行为。课堂上,我更多地关注班级整体呈现出来的积极行为,选择性地忽略部分学生的消极行为。如果个别孩子管不住自己,我会按暂停键,目光平静地看着他。这些孩子意识到这样做并不合适,也意识到老师给他们留面子,就会安静下来。当全班都安静下来时,我会若无其事地继续讲课。

借用外力持续激励。此后,几个孩子渐渐沉静。即使有所反弹,我也能理解他们处在成长中,会继续激励他们,指导他们写"成长日记"提升自己的自制力。如果他们安静了,我会单独肯定。同时,我天天把班级日志拍照后发到家长群,把家长也带入对孩子好习惯的培养当中来。果真,每次看到丁上榜,丁妈就在群里回应:"啊呀,苗老师,丁又话多影响大家,我晚上打电话教育他啊!"而高妈很快也发了私信:"苗老师,高今天又话多了……"

每个孩子都有自己的个性特点，都以自己的方式去面对成长，教育者当基于对人的尊重，因材施教，顺势而为，以发展的眼光看待孩子们在成长中犯的错误，不断调整教学方法，规范孩子的行为。用心思考，"总有一款适合你"。渐渐地，班里"海晏河清"。

因为我们相聚了，月亮就圆了

2017年秋的一个下午，我接到一个电话，是我的开门弟子周河森："苗老师，周日我到南阳，想看你。"我想问："海超来吗？"又觉得无须问：河森来，海超也会来。这两个孩子，我17年没见了，一直都在彼此心里。

放下电话，17年来的一幕幕往事如一幅画，徐徐展开……

（一）

2001年秋，在社旗县下洼乡一中，河森和海超是我的第一届学生。河森天资聪明，他像一台性能良好的复读机，高品质地"录入"老师讲的知识，背书就像泉水一样流淌。河森性格沉稳，举止端庄，他很少主动举手发言，教室里热闹的时候，他常常把头转过去，眼睛里亮晶晶的，然后笑呵呵地听别人各抒己见。倾听是一种非常重要的学习能力，我暗暗欣赏他。有时候我很想听听他的看法，留到最后，我才点他的名字。而他一开腔总是声音洪亮，认识独到，颇有"器大者声必闳"之意。学习《爱莲说》，讲到君子的品质"中通外直，不蔓不枝，可远观而不可亵玩焉"，我不由自主地凝望着他，他确有君子之风。他的坐姿既端庄又舒展，有时剑眉微蹙若有所思，有时晶亮的眸子里闪烁着奇异的火花，这都是为我所喜爱的神态。对河森，我既引领、帮助，也真诚欣赏、尊重。

河森的父母都在外打工，他就跟着奶奶生活，农村孩子长期营养不良，河森的脸色常让我想起《平凡的世界》里的孙少平，"时常带着一股菜色"，但身上自有一种说不出的端庄贵气。起初我短暂地在泌阳县的一所民办学校里教他语文，后来我走了，他便追随我来。

还记得他找到我的那天下午秋雨淅沥，我在教师宿舍备课。随着一阵迟疑的敲门声，我开了门，竟是河森！他打着一把破雨伞，哆嗦得像只寒号鸟。我又惊又喜又心疼，急忙拉他进来，倒热水亲自给他洗手。农村孩子很少跟人有肢体接触，这样的礼遇他不能适应，小手一个劲地挣扎，终于挣脱了出来，他草草地洗了几下，很拘谨地坐下来，半天憋出一句话："苗老师，你上哪儿我跟哪儿，我想跟你到这儿上学……"说着眼圈就红了。我心潮腾涌，半响，心里都是感动和喜悦。这是一个父母不在身边的孩子，用他的胆识，在13岁时就成了自己的主人。

一份信任也是一份责任，自此，我对他的关照自然非同别人。

但他晚上的住宿让我犯了难。思忖再三，安排他住在海超家。海超完全是另一种类型的学生，按现在的说法，如果说河森是一学霸，海超就是一学渣。当年的海超，个头比老师还高，一问才12岁。他走起路来袋鼠似的连蹦带跳，我至今还能记得他冬天常穿一件蓝色羽绒袄，后背上印着白雪公主和七个小矮人的卡通图片，还是童装呢！他爱热闹，每次我走到楼梯上就能听见他在教室里大呼小叫。可是一上课，他立马就成了霜打的茄子，语数外三门学科加起来考不到100分。他说，除了语文没有他听得懂的课，可是即使在语文课上，能吸引他的也多是我就一个话题宕开去的拓展延伸。因为听不懂，课堂上他总是说闲话，做小动作。我屡屡拧着他的耳朵把他提上讲台，他总表现出一种乐得受用的样子。他闪烁着亮晶晶的小眼睛，咧着大嘴笑，全班同学都笑，我也笑。发自内心来说，我没伤他自尊的意思，他"皮"得够呛；我也压根没有转化他这个学困生的意思，他连名字都写不好，天知道他是怎么混到初中的！他的学习问题，不是现任老师带来的，也不是单凭老师的责任心就能改变得了的。这样的学生其实很有代表性，哪个班里没几个张海超这样的学生呢？老师有责任心就一定要学生考高分吗？我一直认为，引导那些在学习上没多大禀赋的孩子走非应试之路，让他们精神舒展地生活，既是对这些孩子的善待，也是教学的开明之举。他对我说，他父母经常跟他开玩笑，要他初中毕业到南方打几年工，见见世面，回来子承父业，做点小生意，"再找一个会算账的老板娘"。人是极易受到暗示的动物，其实这也不妨看作是他的"理想"。我听着他如此"接地气"的"志向",不禁莞尔,也感到放心。

海超最露脸的事儿莫过于在作文课上当模特。我们进行"怎样写出人物特点"的作文训练,他捂着脑门睡觉。——请上来,这不一现成模特吗?写吧。张海超笑嘻嘻地往讲台上一站,还讨价还价:"我当模特,别让我写作文。"我淡淡一笑,不接他的话茬儿,他见我不松口,转向同学们说:"写吧,给我写好看点!"那节作文课上得非常成功,同学们笔下的张海超个个生动活泼,印象最深的一句是:"笑是开在脸上的一朵花,张海超脸上的鲜花便四季常开不败,遗憾的是,当鲜花怒放的时候总露出几粒黄色的花蕊——那是他十多年都没有刷净的小歪牙。"后来,我们把它"移植"在吴迎政的《为"笑星"画像》里,投稿给《教育时报》,见了样刊,张海超比吴迎政都快活,抢去四处炫耀,说好歹也上了报啦!

在别人看来,海超和河森他们的"尺码"相距太远,他俩的"组合"违和感太强。但我有我的考虑,海超除了不爱学习之外,各方面都不错,他家在街上住,河森远道而来,需要关照,而且河森是个真性情的人。果真,这两个孩子很好,起初河森只是住在海超家,后来吃饭也在海超家。看他俩一庄一谐形影相随,我会情不自禁地联想到刘备和张飞、宋江和李逵、岳飞和牛皋那样的搭档来。河森毕业后,他的弟弟河江来下洼一中上学,还在海超家住。直到现在,河森已成栋梁之才,每每回老家总拎一大块猪肉到海超家,哥俩还一起下厨做猪肉炖粉条吃,这样的情谊多年来绵长悠远。

在学习上,河森响鼓不用重锤敲,尤其是他的作文,感情饱满,元气十足。我上《春》效果不错,等学校组织人马听课时,来不及准备,就装作上新课的样子又上一遍,河森就写了一篇《这节课真无聊》,拆穿了"皇帝的新衣"。我看了颇为称奇,修改得"像动过大手术鲜血淋漓而又绑着错综复杂的绷带一样",然后让河森誊写好寄给了《教育时报》,很快就发表了;他一激动,又写了一篇《我成名人啦》,这次没怎么修改就发表了,此后他又在《作文指导报》《南阳日报》一连发表四篇文章,河森真成"网红"了。多年后,河森说发表文章给他的鼓励,远非提高语文学习兴趣这么简单,而是给他了一个巅峰式的幸福体验,让他知道人生还有无限的可能并信心满满地追求。

十二三岁的小孩子，正是情窦初开的年龄，两个人都有自己的小秘密，没出息的悄悄话叽叽咕咕一说就是大半夜，瞌睡来了，天也亮了，闹铃响了，就按下铃声接着睡，等到他俩气喘吁吁地跑到教室，往往被抓个现行。语文课上，我冷不丁地要检查河森的课本，一看——笔记写得马马虎虎，课本的插图被恶搞，给李清照画胡子，给朱自清抹红脸蛋儿，在《安塞腰鼓》一课大书：我爱××！！！ ××是当年跟河森眉目传情的女孩子。字写得遒劲有力，后面是一连串的感叹号，仿佛每一个字都是用自己的全部人格作保证。我看了河森一眼，不说话，只把那张写着"我爱××"的页码摊开给他看，他顿时羞得无地自容，自此老实了很长一段时间。

（二）

一年后，我从乡里来到县里再到市里，再一年后，河森回了老家泌阳，初中毕业时以语文满分的成绩考入泌阳一高；三年后，又以泌阳一高文科状元、驻马店文科总分第三名的成绩进入兰州大学法学系。此后他的荣誉一直不断，兰州大学学生会常务副主席、赴港澳优秀大学生演讲团成员、兰州大学十佳大学生等。——当然，这些都是他后来告诉我的。

河森在兰州大学时，有一天突发奇想，在百度里输入我的名字，江湖失联近十年，凭着这些线索，我们又在QQ上相遇了，问及他的理想，他说："我学法律，我将来要考公务员，惩治贪官污吏。"我微笑着不置可否。也许，踏入社会久了，看到的听到的已经太多，有谁能够在万丈红尘里沉浮且始终素心如莲？有谁能够在大海里行船毫发无伤？我更相信生活的艺术就是妥协的艺术，是和光同尘与世沉浮。这些不急于告诉他，那么聪明的孩子，过一段时间什么都懂。后来他也对我说到那些想法，笑道："我想多了。"但我内心里依然为他骄傲，那天，我在博客上写道："拾取昔日感人的片段，那个开门弟子的身影浮现于眼前。这孩子，学生时代就品格纯正一身正气，多年后，岁月不改其性，红尘不染其心。这样富有理想的孩子，不正是教育的积极期待吗？我多么欣慰！回望处，你的灵魂芬芳依旧。"

海超呢？我在南阳教学时，他从杭州打工回来看我，拎来一大桶果粒橙和一堆零食。接着我们俩兴致勃勃地跑到街上买来了几个小菜，一起在我的教师宿舍里"大吃大喝"！似这般没大没小也没什么边界意识的师生情谊，恐怕只有在刚上班的青葱岁月里才能滋长出来吧！

再后来，我的诺基亚丢了，我们再次失联。但此后发生的一件事却让我寝食难安：报纸上有条新闻说，有个叫张海超的民工在一个污染严重的工厂里身体受到极大伤害，为维权不得不开胸验肺！我一看，慌了！但那些年，网络不发达，查不出"张海超"的详细信息，我终日挂心。后来一想，天下重名的人多了去！果然，几年后，海超活蹦乱跳回来了，果真还领回来一个"会算账的老板娘"，小两口在下洼街开了家美容美发店！他后来一直称我为"大姐"，称可儿为"小师妹"，听得我好笑：看这辈分！

（三）

河森是一个人来的，海超家里有特殊情况来不了，他在电话里一迭连声地说遗憾。海超托河森带来礼物：多套洗化用品，有美容的，有美发的。我看了大笑：果真是开美容美发店的，就地取材！只是，这样太实在了，这些产品我用了两年也没用完。河森到南阳时，天色已晚，见面礼是一个拥抱，我暗笑：这还是当年拉一下手就要挣扎的小孩吗？我的记忆还停留在当年，但眼前的他却已是青年才俊，温文儒雅，一表人才。吃过饭，在我家的沙发上我们一聊很久。17年没见了，没有生疏，只有"忆往昔峥嵘岁月稠"，但又不限于回忆。河森的话依然不多，但依然有味，他在省会一所很牛的单位工作，他很会思考，很受重用，也很会投资，智商、情商、财商都极高。

送河森下楼时已是凌晨，一抬头，一轮圆月，好像一朵硕大洁白的梨花，宁静地绽放在深蓝的天宇中，四面泻下水样的银辉，好久没有看到这样美的月色了！我诧异道："我忙得只剩下知道星期几了！今天是农历初几？怎么月亮圆了？"河森道："我也不知道呢！也许，因为我们相聚了，月亮就圆了吧！"我知道河森的话发自肺腑，但还是不免遗憾：海超没来！如果我们三个都在，聊得会更嗨！

跟海超的再相见，是在2018年春。河森回老家补办婚礼，海超把我接到了下洼一中附近的宾馆，望着我当年工作过的地方，我们浮想联翩。他告诉我他十几岁的时候，父亲就去世了，他感受到了世态炎凉，也担起了家庭的责任：赡养日渐老去的母亲，抚养尚未成年的妹妹，结婚生子，挈妇将雏，在生活的大学里修学分。从婚礼上回来，我提出要海超开摩托车送我到车站，田野里大块大块地铺着新绿，白杨树哗啦哗啦地拍着手掌，清爽的风扑面吹来，我仿佛又回到了当年"带着一群小鸟飞来飞去"的青葱岁月。听海超讲这个村那个村都有他的客户，都赞美他的手艺，我由衷地欣慰，这里是他的天地，他有他的骄傲。

（四）

如今的河森，同兰大的同学一起创业办公司，他是河南区域的法人，短短几年，事业已经干得风生水起，创造出来的价值惊人，而他才刚过而立。"我总是一路遇见贵人。"他自己说。我想起他13岁那年的追随，更相信"贵人"也是挑人的，是他的"锦鲤体质"把贵人吸引来了。因为从小父母就不在身边，河森已经习惯了自己的事自己拿主意，他有超越同龄人的成熟，他富有理想且脚踏实地，见地深刻又能藏锋于袖，本就是一股沉静又有力量的后浪。

我也想起了那一届的孩子们：那个跟我睡在一个被窝口吐莲花敢于给校长进言的聪喆，那个同时拥有了"泽天"和"嬴政"两个如雷贯耳名字的才女迎政，那个清丽得像一阕宋词的余娇，那个取着男孩名字长得却像花骨朵一样的贾永，那个背了一早自习的《狼》还是背不会却被我的一碗米粥温暖了17年的李涛，那个一年到头都光着脚丫子却考入清华大学的丁闯，那个老是被我称作"小泥巴"的倪涛，还有娟、潜、大伟、玉林、小江……这些孩子，能考学的考学了：清华大学、兰州大学、西北工业大学、郑州大学……一个偏远的乡村学校的教室里，出了这么多大学生，是不是一个奇迹？而那些缺乏应试能力的孩子走非应试之路，发展得也不错。

这一届学生是我教学的起点，我亲眼见证了教育在他们身上所发生的巨大作用，他们的青春活力也激活了我内心的热情。这让我越来越感受到教育的美好，也让我越来越理解了我现在所从事的工作：彼此照耀，就是师与生；各美其美，就是生与生。河森与海超是两类学生的代表，在现行的教育体制下，河森们是天之骄子，一路吉星高照；而海超们往往不是被"改造"就是被忽略。可是在这里，河森和海超不但是一对好朋友，而且跟老师成了没有血缘关系的亲人。是的，我们是没有血缘关系的亲人，在他们面前，我不是用"职业角色"而是用"真自我"与他们对话，我们的情意已经超越了师生，多年师生成朋友，他们丰富了我的人生。不仅是他们俩，那个班级的多数孩子与我都保持着松散而亲密的联系，我们用一颗单纯诚挚的心，营造了一个局部的春天！——这些，为我此后的学生观奠定了基础。

写到这里，我想起了一个故事：

据说当年杜鲁门当选美国总统后，有人向他的母亲祝贺："你有这样的儿子，一定十分自豪。"杜鲁门的母亲回答说："是的，不过我还有一个儿子，同样让我骄傲，他现在正在地里挖土豆。"

我常用这个故事提醒自己，对这两类学生都要有正确的态度。教育本该如此，尊重每一个孩子的特质，顺势而为，因材施教，做来料加工的活儿。在这个世界上，有人能长成参天大树，有人能长成一株小草。无论哪一种，他们都会倾尽绿色来彰显生命的价值。为人师者，既要珍视栋梁的可贵，也应看到小草的价值！让河森们发展，也让海超们舒展。在应试的话语系统里，让那些不能应试的孩子也活出尊严和快乐！

创意九

评语写作，
让评语成为学生一生的典藏

期末操行评语是老师对学生一学期来的综合评价，一段准确的评语，有助于提高学生自我评价的能力，帮助学生实现自我完善；一段新颖的评语，能够激发家长的关注度，引导家长配合教师教育学生；一段贴切的评语，反映出教师的文字功底和对学生的关怀，能够提升教师的自身形象。

一字评语的"前世今生"

但凡当过班主任,每学期都要给学生写操行评语。这样的评语你写过吗——"该生尊敬师长,团结同学,望再接再厉百尺竿头更进一步"云尔?说真的,我差点就写了!是两个女孩子的对话,让我改变了想法。

多年前临近期末的一个晚自习下课,我走在人群里,前面有两个女孩子边走边吐槽自己的班主任:"俺们老班一写评语,就是该生尊敬师长,团结同学,全是套话,有什么意思啊!""就是,我当老师,我也会写!"

这段对话触动了我,操行评语既是前一段教育的结果,又是下一步继续教育的依据。学生希望看到老师眼中的自己是什么样的,也希望能够在老师的引领下找到新的发展点。但是,实际上呢?有老师还沿袭着"该生如何如何"的老套评语,有的老师从网上复制一些万能句式改头换面就成了"自家学生",有的老师"与时俱进"下载"评语生成器"给学生"自动组装"评语……种种问题,不一而足。这样的操行评语有多大的教育意义呢?年年写评语,我就不会翻出一点新花样?

一、妙手偶得之

2016年,我在南阳带致远班。期末将近,有朋友邀我去看画展,看到一幅书法作品,主体部分是一个大大的"淡"字,下面小字写着"志要高华,趣则淡泊;恬淡虚无,真气从之;非淡泊无以明志,非宁静无以致远"云云。我眼睛一亮:不错!大道至简,简单才能聚焦,简单才方便记忆!何不把它迁移到写期末评语上呢?把孩子们的优点缺点聚焦成一个字,启迪并引导孩子找到自我发展的新的增长点!这个一字评语,美其名曰"成长汉字"！就这么定了！

这样的灵感让我兴奋不已。但同时，我也不大有把握，给个性鲜明的学生送一个成长汉字，问题不大；给性格不鲜明的孩子送一个成长汉字，难度就大了；给 10 个学生送 10 个成长汉字，问题不大；可我面对的是 65 个学生，要送出 65 个汉字！每个汉字还都要一字立骨、字字响亮、温情大气、继往开来，并要富有启发性和激励性，这并不是一件容易的事情！

二、初步尝试

当时，数九寒冬，天降大雪。为安全考虑，南阳的学生集体放假三天。我一人在屋里绞尽脑汁写评语，65 个学生，65 个年度汉字，我写了 23000 字！雪后初霁，返校了。65 个字，我念一个，学生猜一个，每猜中一个，就是一阵欢呼。"老师给你们选的汉字准不准？""准！准！准！太准了！""老班真有才！"我笑道："老班哪里有什么才呀，是慈心生出慧眼来，是爱生智慧哦。"

当我把年度汉字放到"双向度人"的公众号上，一天内点击率就达到了 2000 人次。家长们反响很大，王泓尧妈妈留言："我从来没有见过这样的操行评语，说真话，您对学生的付出真是超过了家长！"尤其让我感动的是，有家长还把成长汉字装裱起来，挂在学生的书房里。

2019 年秋，我辞去公职来厦门，一天晚上，李焯晗在电话里一边哭一边说："老班，我想你。我晚上写作业，一抬头看见你送的成长汉字，就觉得有了方向和力量……"孩子如此深情，我颇受感动，更坚定了今后要继续深挖成长汉字的育人价值的决心。

三、发展完善

2019 年，我在厦门带启航班。期末将近，我思考：怎样才能让一字评语的德育效果最大化，同时怎样才能让自己轻松一点呢？思忖再三，我决定把写评语变成一次"全民参与"的体验式德育活动。

1. 动员自评，激发热情

班会课上，我告诉孩子们："元旦节快到了，苗老师要送你们一个特殊的礼物：一字立骨的成长汉字！你们先给自己写一个评语，写150～300字。无论你们写什么，苗老师都能给你们提炼出一个字，一个只属于你的字，从此它将像个吉祥物一样跟着你、照着你。"孩子们顿时兴趣高涨，刷刷刷写起来，他们要考考老师呢！正中下怀，我笑而不语。

2. 组内合作，提炼概况

孩子们写完之后，我说："为了准确地刻画出人物的精神画像，下一步咱们要在小组内修订、补充，看看同学们眼中的你吧！"孩子们兴趣可高了，兴致勃勃地以组为单位增删补充起来。孩子们惊喜地看到，"自己眼中的我"跟"同学眼中的我"并不一样，从而完善了自我认知。

接着我要求组内成员针对组员的自评，淬炼出一字评语。孩子们炸了锅："老师，我们可做不了这件事！"我说："干吗这么小看自己、小看团队啊？我们写作文，能一线串珠谋篇布局；我们学课文，能抓住文眼带动全篇；写评语也一样，要学会高度提炼，去粗取精。苗老师以前尝试过给65个同学一人写一个成长汉字，不重样的。我一个人能做到的事情，你们一个小组当然更应该能做到。"

孩子们的兴趣再次被激发了起来，他们再次阅读组员的自评，从中提炼。我在下面走动，看看他们都写了什么。不少孩子被组员送了同一个字"拼"，其他汉字也有重复的。我笑着提醒孩子们："难道你们就是这样千人一面吗？"孩子们都笑了。原来，写评语这么不容易啊！学生更期待了：老师给我的评语是什么呢？

3. 教师提炼，完善评语

孩子们写毕，汇总到我这里，成了我写评语的原始素材。我看着孩子们提炼的成长汉字：拼、博、争、静、冠、学……一边看一边微笑，孩子的思路没有打开，关注点只在学习习惯和状态上，此外，受文化积淀的局限，提炼的字眼也不够含蓄雅致。

我开始着手整合，仔细阅读每个孩子的评语，提炼出最核心的字眼。因为我跟一些书画家有些交情，耳濡目染，提炼出来的字自然要含蓄雅致一些。40个孩子，40个成长汉字，围绕每一个成长汉字进行解读，我写了11000多字。

4. 家长参与，制作卡片

我把自己给孩子写的成长汉字发到群里，请每一位家长给自己的孩子设计一张电子明信片，要求明信片上有成长汉字、汉字解读和孩子的靓照。但是要做好保密工作，尽量不让孩子知道。

家长们行动起来，选靓照，选字体，设计版面，点"原图"上传，微信群里一派繁忙喜悦。用心的子墨妈妈把所有学生的明信片制作成精美的音乐相册，配上优美的背景音乐在群里、朋友圈里不断转发。有家长发朋友圈，还配上："这就是娃的班主任，一个字就把娃的特点概括准了，40个娃40个字。牛！"

5. 适度包装，张贴悬挂

统一收集之后，我到文印室把电子图片彩印成明信片。之后，是不是就可以发给孩子们了？不！我要延宕满足，让过程变得好玩儿！

那天上午放学，我告诉孩子们："元旦就要到了，苗老师要送你们一个特殊的礼物，说特殊，是因为这个礼物是私人订制的，是独一无二的！想不想知道？"孩子们说："想！太想了！""老师，是不是一字评语？"我说："是的！""老师，你给我送了什么字呀？"我说："那我可不能告诉你，看你自己的眼力吧！中午进教室，你们会大吃一惊的！你的礼物会跟你捉迷藏，找到了，礼物归你；找不到，礼物就与你无缘喽！"顿时，鬼哭狼嚎、跃跃欲试之声响成一片。

中午，家委会的子铭妈妈买来了红彤彤的信封送到教室，我安排两个做事细心的孩子把明信片折叠好，装进信封。在装进信封之前，看清楚这个成长汉字，然后让小书法家余子墨同学把这个字写在信封上。第二天就是元旦了，我安排家委帮助布置教室，红彤彤的大信封由金色丝线系着，悬挂在教室里，渲染出节日的喜庆。

6. 赠送仪式，其乐无穷

中午，孩子们满怀期待地走进华彩的教室，顿时兴奋无比，一群小麻雀叽叽喳喳地寻找属于自己的成长汉字。他们像猜灯谜一样，找呀找，班里成了一片欢乐的海洋。不断寻找的过程也是不断制造惊喜的过程，也是对自我认识不断深入的过程。

找到之后，由我亲手送给孩子，孩子们双手接到信封，小心翼翼地取出自己的卡片站在讲台上朗读。贴切的评语让孩子们发出一声声惊叹，念者骄傲，听者鼓掌。每一张笑脸都洋溢着感动和骄傲，每个孩子都为收到这么有价值的礼物心生骄傲，我们开心地过了一个有仪式感的元旦。

赠送仪式结束，我总结发言："这个成长汉字可'灵验'了！只要你时刻铭记在心，它会助你成为一个更美好的人。从今天起，我们就要看看，谁的成长进步最大！"

孩子们都希望自己的成长汉字最"神通广大"，争着抢着说："我进步最大！"

至此，积极进取的氛围已经成功地营造出来。

7. 搭送褚橙，寓教于"吃"

这还没完，我将活动又作了进一步的推进。我的教育对象是一群衔玉而生的孩子，他们没有读书改变命运的强烈诉求，比起过去我那群三更灯火五更鸡的学生来，我觉得他们的学习还是不够刻苦。通常的说教他们并不接受，而我又是中途接班，怎样才能让我输送的价值观"既有营养又好吃"呢？我也琢磨了很久。

于是，在送了成长汉字之后，我又拿出了事先准备好的褚橙。孩子们大叫："啊，还有好吃的啊！""是呀，这就是苗老师给你们的元旦礼物啊！看你们物质精神双丰收了吧！——不过呀，这可不是一只普通的橙子，这是中国很火的一款水果，很值钱的，花钱还不一定买得到！"我点开PPT，讲褚时健跌宕起伏的励志故事，孩子们颇受触动。我们赋予了褚橙新的内涵："储（褚）备知识，志在成（橙）功。"故事讲完，分发褚橙，把赠字仪式推向高潮。

8.趁热打铁，反馈感受

赠送之后，何不趁热打铁，加上一个反馈环节，让德育活动无限后延呢？于是，我煽情了一把："孩子们，老师写这个一字评语，耗死了好多脑细胞呢！那你们要怎么回报老师呢？""老师，我们愿意为您变乖，向成长汉字指引的方向走去。"我说："嗯，孺子可教。不过呢，远水解不了近渴，我现在就想听听你们的感受。这个双休日呢，每个人写一篇作文，写写对这个礼物的感受，题目自拟，字数不限。——这个要求不过分吧？"

"我乐意！"

下周收作文，篇篇都有话可说，有情可抒。比如陈思涵的文章写道：

今天是个特殊的日子，苗老师说要送我们每人一个特殊的礼物，我期待极了！

中午我早早地来到了教室。啊，红红的卡片把教室变得好漂亮！我们看着封面上的字都找自己的卡片。我一边找一边想：苗老师会送我什么字呢？开？慧？严？鸣？畅？……这么多字，哪一个字属于我呢？是"严"吧，我对自己要求不太严，估计是这个，但打开了，不是我，说的是泽楠，老师要她对自己严格要求呢！哈哈，泽楠找到了属于自己的成长汉字，跳着拆开看去了。那我呢？是"畅"吗？"畅"又是什么意思呢？是要我写作流畅一些吗？拆开了，是马艺轩的，原来马艺轩爱唱歌，又多愁善感，老师说她"惠风和畅，青山不碍白云飞"，我们都争着看，马艺轩的脸激动得红扑扑的。一个、两个、三个……越来越多的同学找到了自己的成长汉字，终于，我也找到了我的字，原来是个"默"字！

我羞涩地上了讲台，打开红色的信封，念了起来："默，善默即是能语，用晦即是处明……"我想，是不是苗老师觉得我太静了？不过，念着念着，我理解了更深的意思：原来苗老师夸我虽然总是默默无语，但心里都明白！我太激动了！回到座位后，我深深地吸了一口气，进入了沉思中，有一种叫"懂"的东西在心头涌动。啊，苗老师，谢谢您，我一定更努力！

苗老师送给我们的这些字，是多少汗水心血的凝结啊！回到家后，我赶紧把卡片放到了枕头底下。晚上，我甜甜地睡着了，但苗老师的话，似乎在我的梦里回荡着。苗老师，我一定会像您说的：提高进取心，焕发少年人奋发有为的热情。加油！

  这样的即时反馈，目的是加深孩子们对体验式德育活动意义的感受和理解。实践证明，我收到了预期效果。家长也理解了教师的良苦用心，不少家长把成长汉字装在镜框里，放在学生的书桌上。

一字评语如何一字立骨

成长汉字突出的特点是"量体裁衣，一字立骨"，那么，具体怎么"立"的？又是怎么解读的呢？在写作上有什么规律可循呢？我在这里谈谈我的写法。

如果我们静下来，认真地梳理一下，就不难发现，就德才能力而言，几乎每个班级的学生都可以大体分三类：优点突出的孩子，被缺点所累的孩子，隐匿在人群中的小花小草。三类学生，三种写法。

一、优点突出的孩子：有啥送啥，点亮亮点

对优点突出的孩子，想让评语最大程度发挥教育意义，还要根据他的个性、特长或不足，提出更高的要求，激励他们树立更高的人生目标，同时也把他们打造成班级核心人物，成为大家追赶的目标。

丁光来，身上优点一大堆，说了这个漏了那个，怎么办？我只用一个"光"字就把他的优点概括出来了。但他又有着明显的缺点：话痨，字迹不工整。"光"字依然罩得住他的缺点，用"光"驱散黑暗。我是这样写的：

光来同学，苗老师送你的年度成长汉字是"光"！"光前裕后，继往开来"，这是苗老师对你的期待。你是一个清澈明亮、内心有光的学生。你善良懂事，一直在默默地为班级做事情；你心胸宽广，跟同学相处，零冲突；你聪明能干，才思敏捷，全面发展。课堂上，你的思维链条就像是通了电，每一节都闪烁着奇异的火花！你就是一个发光体，照到哪里哪里亮！只是，你太才华横溢了，"话多成灾"喽！真正的男子汉一定要勇于向自己的弱点

开战。你的书写在一天天进步，我看到了你追求进步的力量。改变说话不节制的毛病，也要拿出这种力量来！放大你的光亮，照亮那些不足吧！苗老师期待你成为启航班名副其实的领军人物！

余子墨，品学兼优，平和文静，多才多艺，全面发展。我是这样写的：

子墨同学，苗老师送你的年度成长汉字是"香"。我爱幽兰异众芳，任是无人也自香。兰花最符合你的品性，你是一个灵魂里有香气的才女！你品学兼优，亦动亦静，多才多艺，全面发展！最难得的是你有一颗纯正洁净的心！喜欢你上课的状态，那双熠熠生辉的眼睛里盛满着聪颖热情！喜欢你的画作，色彩和谐，意境深邃，引人遐思！喜欢看你的文字，像条播的新芽一样清新优美，文质兼美，总是让老师同学暗暗称奇！喜欢你的书法，平和畅达，舒展隽秀，你送老师的字，我一直在家悬挂着呢！祝福子墨，你总是不言不语，但你有自己的立场。青山不墨千秋画，流水无弦万古琴。祝福你，未来，疏影暗香是你的形象，翰墨飘香是你的成就，春风花草香是你的生活！

二、为缺点所累的孩子：缺啥补啥，弥补不足

有些孩子，某方面的问题较为突出，已经成了成长的绊脚石，班主任直面孩子的问题，送一个恰当的字如同送他们一个撬动成长寰球的支点。请看下面的评语：

珈屿同学，苗老师送你的年度成长汉字是"中"！平和中正，不偏不倚，外圆内方，需要你持久修行。你天资颖慧，卓越欲强，有与别人比高下的决心；你书写又快又好，作业本上端正而又有笔锋的字体，让同学们很佩服；你才思敏捷，各科成绩优秀。你有大格局，还需要大度量。如果你能冷静全面地看待问题，遇事换位思考，你就不会总认为自己是正义的化身啦。如果你能戒骄戒躁，你的成绩不仅能做到优秀，还能做到拔尖呢！

从评语中不难看出,珈屿是一个"神通广大"的孙悟空,他是黄红混合性格,富有领导力和创新才干,但喜欢"剑走偏锋"。他"偏",我偏送他"中",我想用一个稳稳的铁锚拽住他桀骜不驯的犟脾气。

班里有个孩子是典型的红色性格,胆汁质,脾气暴躁,个头健壮,"动手能力"强,跟同学"征战"不断,弄得这个投诉那个告状,牵制了老师很多精力,但家长对孩子的问题缺少认识。急病需要下猛药,我用一个"虚"字,指出了他的问题:

××同学,苗老师送你的年度成长汉字是"虚"!君子虚己以受人。你体格强壮,心地善良,认可并力行勤奋、进取、助人等主流价值观,苗老师竭尽全力帮助你。只是你沉淀得太少,表现得太急,贪图得太多,缺少谦卑与敬畏。表达是一种能力,倾听是一种修养。在集体生活中,后者比前者更重要。思维品质只有在沉静中才能得到优化,人生最好的境界是丰富的安静。你需要控制自己刷存在感的念头,多看看别人是怎么做的,沉淀出你自己的一份涵养来,做自己情绪的看守者,不要干涉别人的事,摩擦就会少一些,你的学习生活也会越来越轻松愉快。

对于孩子的不足,无论是委婉点拨,还是当头棒喝,都以立德树人为念,以发展的眼光看待学生眼前的问题。我深信儿童的身心发展尚不定性,可能是因为认知能力不足、不善于管理情绪等,造成了他们某些方面的表现暂不尽如人意。因此,要给孩子指明努力的方向。

三、短期没有找到显著特征的孩子:另辟蹊径,解读名字

不得不说,每个班级总有一些孩子有些"同质化",他们多属绿色性格,喜欢躲在人群里寻求安全感,基本不给老师添麻烦,也鲜有让人眼前一亮的表现。遇到这些孩子,我就从他们的名字入手找亮点,因为"你的名字里,藏着你的未来",从名字上琢磨出"文章"以激励、规范学生的行为,引导孩子爱自己的名字,朝着名字期待的"明亮那方"奔去。

班里有个孩子叫"心然",刚转学过来,是个乖巧胆怯如含羞草一样的女孩,我通过一个"然"字对她进行了全方位的赞美和鼓励。

心然同学,苗老师送你的年度成长汉字是"然"!心然心然,兰心蕙质,悟通八然:学习井然,生活自然;失误偶然,进步必然;表扬淡然,忽略泰然;得之坦然,失之怡然!悟通八然,此生悠然!你品学兼优,沉静热心,敏而好学,有很强的集体荣誉感和上进心。你很用心,帮老师做了很多事情,你不言不语,但老师心里有数。你有一颗比金子还珍贵的灵魂,我相信你的人生之路越走越宽。老师送你"八然",谨记一生,幸福一生。

再如一个叫静怡的孩子,我这样写:

静怡同学,苗老师送你的年度成长汉字是"静"!静者安,静以修身,静水深流,每临大事有静气。喜欢你的文静稳重,爱劳动,讲礼貌;喜欢你认真学习的态度,你总是不声不响地努力;喜欢你的通情达理,能与同学们和睦相处,自己的东西总是整理得整洁有序。你也是一个爱憎分明很有是非观的孩子,我很喜欢!亲爱的,静还有另一重意思:静=青+争,意为"青春必争"!这点也被你的行动解读得淋漓尽致,你是一个很有上进心的孩子,还记得那次为没有考到前几名哭鼻子吗?老师看出了你的好胜心!加油!

解读学生的名字,不一定要用名字里的那个字,比如一个叫"玉"的女孩子,我送她的是一个"琢"字,激励她要勇于雕琢自己,直到把内心隐藏的天使放飞出来。

这种"绿孩子",短时间老师还真的不能充分了解其性格特点,但老师用亲切平和、饱含浓浓爱意的语言,给孩子送去了一份具有"唯一性"的评语,让孩子感受到了老师情感的温度,这样他们更易于接受老师的劝勉,并容易在心灵中产生共鸣。比如这个叫"静"的女孩子,此后仍一如既往地安静,但安静中有了活力,灵魂变得越来越舒展了。

一字评语的德育效果

在成长汉字的引领下，很多学生都在悄悄地发生着变化。我讲几个故事吧！

一、优点突出的孩子，一字评语是聚光灯

我给丁光来送的字是"光"，光来妈妈看到这个评语，笑得合不拢嘴，说这新年礼物送得太好了，值得一辈子珍藏！对我"买一送二"搭配送来的两个"批评指正"，家长孩子都一一"笑纳"。我在指出了光来的缺点的同时也给他树立了明确的目标：成为名副其实的领军人物。光来大受鼓舞，在下一学期中，他的书写进步很大，课堂上说话也有了节制。第二学期期末，光来同学走上红地毯，摘取了"最美英才星"的桂冠，和校长妈妈共进烛光晚餐。——这是厦门英才学校的学生拥有的极高荣誉。两年后，光来在全国人工智能大奖中获得一等奖！

我用一个"香"字高度赞美子墨的恬淡优雅、品格出众。这个成长汉字在我的反复强化之下，带动了不少孩子做"灵魂有香气的人"。班里有个别女孩子喜欢打扮，却不够文明。我明夸子墨，暗点她们。她们会意，也发生了细微的变化，带动了美好班风的形成。

二、为缺点所累的孩子，一字评语是当头棒喝

珈屿是个爱跑"偏"的孩子，我偏送他一个"中"字。他爸爸看到这个字，说："这臭小子，这个字还跟他正配！我经常提醒他。"有了家长的"里

应外合"，教育的力度就翻了倍。每次他哗众取宠做杠精，我就说："小猴子，你又忘记了老师的话，把成长汉字及解读抄写一遍。"他就夸张地鬼哭狼嚎一番，摊开作业本。其实珈屿的才华不亚于光来，只是猴性很重。经过反复打磨，这个聪明出众的孩子，渐渐地收敛了锋芒，慢慢稳妥，慢慢宽容，把石头一样的自己打磨成温润的璞玉。

那个不够虚心的孩子，我给他的成长汉字"力度"最大。送了"虚"字之后，我还去家访，送他一盆兰花，告诉他兰花寓意君子之德，"虚己受人"。我很坦诚地跟他家长谈孩子给班级管理造成的困难，以及这些问题对孩子未来的不良影响。他有改变的主观愿望但却极其难改，这中间几经反复，每次犯错，我都提醒他要有君子品性，记住一个"虚"字。分班后，我们见面的机会不多，听说他变得越来越懂事了。一次他看到我，有点羞涩。想说话，大概是不知道该说什么，又想躲开。但就在即将走过的那一刻，他从人群中回过头说："苗老师，我这次考试进步了。"我微笑："我听说了。"他很腼腆地笑了。然后我们都不知道该说什么好了，风轻轻地流动着，满树的紫荆花在风中微微摇动，美好的气息在流淌。停了一会儿，他向我鞠了一躬，说了声："苗老师，再见。"然后就混入来来往往的人群里。看着这个有点害羞知礼的少年，回想起当初那个大吼大叫曾带给我无数困扰的他，心里也有一份别样的感动，感叹成长带来的奇迹，感叹成长汉字的持续教化之功。

三、隐匿在人群中的小花小草，点亮名字让其大放异彩

丁心然，自从我那样解读了"然"字，她开始自信起来了，下学期主动请缨担任领读的任务，得到鼓励后，越发"悟通八然"了，成绩也直线上升，最终进入班级前十名，后来进入年段前五名！今年过教师节，我们分属不同的学部，她多次来找我，要把她亲手制作的贺卡送给我。在贺卡上，她提到了成长汉字给她的巨大激励。这还没完，她反过来给我送了一个成长汉字"亲"，说我是最亲最亲的老师。无论是致远班还是启航班，未来，孩子们远走高飞，教师原路返航，这些孩子还会"飞"回来看看，聊聊那场雪，那节课，那个红彤彤的信封，那个温暖的字眼，那个"会说话的橙子"……

成长汉字为什么会有这么好的德育效果呢？

第一，大道至简，简单易记，才能内化于心！

第二，变静态的"写"为系列活动，使德育效果叠加。活动之前有造势，给学生足够的期待；活动后期有跟进，使德育过程得到了延伸。在制卡和反馈上，把家长吸纳进来，扩大影响力。

第三，注重德育内化。这样的活动形成了"感知—体验—内化—践行"的闭环，同时又因为家长参与，公众号推送，有了"教室—家庭—社会"的辐射。孩子们参与了，由此提升对自我的理解，逐渐形成成长的意愿和能力，也促使他们更能珍视老师的劳动成果。

写好评语不容易，但是，值得我们去做。以人为本写评语，也就是在锻造人的灵魂。所以有人说，操行评语不仅仅是语言的艺术，更是爱的艺术。

后记
写一本带着自己气息的书

终于完稿了!

此时,白炽灯把室内照得通明,窗外是浓黑夜色里的点点灯火。

一年前,我着手写这本书。从最初的33万字,到如今的15万字,我改了多少遍呢?没算过。因为使用电脑过多,曾有一段时间,我十根手指都伸不直,视力也急剧下降。为了减少电脑对眼睛的刺激,我每修改一遍,就到楼下的文具店打印一本,在纸质材料上修改。此时,我书桌上已经放了七本,我至少改了七遍。

忽然就想起家乡的烩面了。正宗的河南烩面汤底是高汤,用上等嫩羊肉和羊骨头一起熬五个小时,大火猛滚,小火慢煲,熬出骨头油,煲出来的汤色如牛乳,味道异常浓郁。我不敢说我的文字"浓缩的都是精华",但这么逐字逐句地斟酌着,的确如熬高汤。我知道"简洁是美德",希望不要浪费读者的时间。

何苦来哉?

而且,你敢说你的"创意"都是"原创"吗?不。班级管理也无非是讲怎么带团队,包括带学科教师、带学生、带家长这些内容,"太阳底下无新鲜事",全国各地的教室里也都一样,并非我的"专利"。我只是写我做了些什么,我把那些值得分享的分享给读者,希望能够帮助到他们。玫瑰和紫罗兰不会散发出同样的香气,每个人都有自己独特的气息。忘记谁说过,教师教一辈子书如果不写一本书,就像一个骁勇的将军没有留下一部兵法一样遗憾。我不"骁勇",但多年来,我一直是借由工作"来爱生命,与生命最内在的秘密进行亲昵"(纪伯伦语),并有一些成效。我也愿意借由写作,梳理我不曾辜负的教育时光。出一本写着"苗旭峰著"的书,带着我独特的生命密码走进人们的视野,也是一颗孤独的灵魂所渴望的存在感。

白天,我把自己交给工作;晚上,我把自己交给自己。在如水的灯光下,我打开俄罗斯套娃一样的文件夹,整理出了一个又一个章节。由于文章并不是写于同一个时期,风格不尽一致,有的做了较大删改。

"眼泪,是一批高贵的客人"(鲍尔吉·原野语),它们在我看着这熬更守夜写成的书稿时,情不自禁地簌簌落下。写作实苦,"为求一字稳,耐得半宵寒"。你掏心窝地去分享,有人说,苗老师,你的文字启发了我,我当然很欣慰。但也会听到不同的声音,有些话批评得对,我虚心听取并衷心致谢;但有些话,有失公允,这其中有的是因为我做得真不好,有的是因为误解。有些人是我非常尊敬并逢人说项的老师,这让我非常难过。我的心灵乍阴乍晴,个中滋味,不足为外人道也。

真诚地感谢朱永通老师对我的信任,书名是他定的,跟我尊敬的任勇老师的《优秀教师悄悄在做的那些事儿》成为系列书,这份厚爱我永远铭记心中,我自当努力,自当爱惜羽毛。我在字斟句酌的写作中,也重启了自己。真诚地感谢大夏书系,一个写作者有没有真诚的言说欲望,文字有没有分享的价值,他们心中有尺。感谢大夏书系的编辑老师们,他们做的是磨刀石的工作,借由他们,把粗粝的刀锋变得光华灼灼,是他们的默默努力,才能够成全我们读到一本有价值的书。

感谢张文质教育写作班的推动,感谢张老师温暖的鼓励。感谢钟杰老师、秦望老师热心打来电话给我打气,给我建议。感谢娘家报《教育时报》的刘肖主编,多年前他从郑州驱车远赴南阳,走进我的课堂,给我很多指导,也因他的推荐,我在河南有了一些"名气",当听说我出书的消息,他主动提出要在"河南教师"的公众号上推荐。感谢《班主任之友》的王皓编辑,她读了我的一部分文稿后给予很高的评价,要在杂志上重磅推出,并找我要了工作照做封面人物,但阴差阳错这篇文章被另一家杂志社用了,我万分遗憾打电话致歉,她表示理解,此后又多次发表我的文章。本书的最后一章"评语写作,让评语成为学生一生的典藏"的思路来自于她的两次电话指导,在此特意致谢。

感谢我的老东家南阳市实验学校,领导和同事待我不薄,尊重我的带班方式，感谢当年的龚海萍副校长手把手教我怎样带班。感谢我所在的厦门市英才学校，感谢美丽、热情、智慧的吕云萍校长，感谢热气腾腾的教学团队给我的尊重和关心，让我在远离家乡的岁月里感受到力量和温暖。感谢一路陪我走来的所有同事和朋友，感谢你们给我温情与照拂。德不孤，必有邻，我将继续修行。感谢中原名师秦守洁和河南省优秀班主任王欢，她们担任行政工作，但还在百忙之中拨冗逐字阅读我的书稿，电话里详细提出修改意见，这不仅因为姐妹情深，还因为她们炽热的教育情怀和过硬的专业素养。

感谢我所有的学生，在同一间教室里我们相携走过。特别要感谢河森、奕嘉、自信、梦娇、王闫、张星等一帮孩子，他们欣然写来感想，文字里满满都是感恩与赞美，没有比得到学生真诚的赞美更令一位教师发自内心骄傲的事情了。感谢我的家长们，涵恩妈妈、闽豫妈妈、艺祯妈妈，给我很多支持。

感谢我的女儿，你是我温柔的依赖，我要对你负责。我要带你看到世界的广阔，从而让你更富有热情和创造力；我要让你相信人性的美好，从此灵魂更加舒展。为了你，妈妈要活成更好的模样。感谢我的爱人，你照顾着家里的四位老人，默默地支持着我的工作，包容着我的缺点。也感谢一直善良一直努力的自己，活成一束光，温和而不刺眼地亮着，给自己也给别人以希望。

最后，感谢所有的读者。"我和你一样，一样的坚强，一样的全力以赴追逐我的梦想，哪怕会受伤，哪怕有风浪，风雨之后才会有迷人芬芳。"也许你从来没有听说过我，那不要紧。每一朵花的盛开都需要时光来静静浇灌，如果你看到满园蔷薇忽然绽放，不要惊讶，那是对它多年幽暗时光里的执着追梦的回报。那就是我。此刻，透过远处迷离的灯火，我在想，读到这本书的会是谁呢？我想乘着清风，飞到你身边，向你致谢，感谢你在众多的书中读到我，欣赏我的用心，包容我的肤浅。当然，你的赞美和批评，也都会成为我润泽生命的养分。如果你从这本书里读出了真诚，请加我的微信mxf78916；如果你在这本书中学到了方法并在使用中取得了成效，请分享你的喜悦；如果你觉得这本书特别有用，欢迎推荐给你的朋友。

谢谢！

苗旭峰

2022 年 8 月 18 日